魁阁学术文库
Kui Ge Academic Library

本书出版得到云南大学民族学一流学科建设经费资助

本书受国家社科基金中国历史研究院
重大历史问题研究专项重大招标项目（23VLS018）、
国家社科基金项目（16BMZ053）资助

魁阁学术文库
Kui Ge Academic Library

# 道路·村寨·国家

## 一个路边村寨社会变迁的人类学研究

ROAD, VILLAGE AND STATE

An Anthropological Study on
Social Changes of the
Roadside Village

张锦鹏　著

社会科学文献出版社
SOCIAL SCIENCES ACADEMIC PRESS (CHINA)

# "魁阁学术文库"总序

　　1939 年 7 月，在熊庆来、吴文藻、顾毓琇等诸位先生的努力下，云南大学正式设立社会学系。在这之前的 1938 年 8 月到 9 月间，吴文藻已携家人及学生李有义、郑安仑、薛观涛辗转经越南从河口入境云南，差不多两个月后，其学生费孝通亦从英国学成后经越南到昆，主持云南大学社会学系附设的燕京大学 – 云南大学实地研究工作站（亦称社会学研究室）。1940 年代初，社会学研究室因日军飞机轰炸昆明而搬迁至昆明市郊的呈贡县魁星阁，"魁阁"之名因此而得。此后差不多 6 年的时间里，在费孝通的带领下，"魁阁"汇集了一批当时中国杰出的社会学家和人类学家，如许烺光、张之毅、田汝康、史国衡、谷苞、胡庆钧、李有义等，进行了大量的田野调查，出版了一系列今日依然熠熠生辉的学术精品。由于吴文藻、费孝通、杨堃等诸位先生在 1940 年代的努力，云南大学社会学系及其社会学研究室（"魁阁"）成为当时全球最重要的社会学学术机构之一，其中涌现了一大批 20 世纪中国最重要的社会学家、人类学家。"魁阁"因其非凡的成就，成为中国现代学术史上的一个里程碑。

　　"魁阁"的传统是多面相的，其主要者，吴文藻先生将之概括为"社会学中国化"，其含义我们可简单概括为：引进西方现代社会科学的理论与方法，以之为工具在中国开展实地研究，理解与认知中国社会，生产符合国情的社会科学知识，以满足建设现代中国之需要。

　　为实现其"社会学中国化"的学术理想，1940 年代，吴文藻先生在商务印书馆主持出版大型丛书"社会学丛刊"，在为"社会学丛刊"写的总序中，吴先生开篇即指出，"本丛刊之发行，起于两种信念及要求：一为促使社会学之中国化，以发挥中国社会学之特长；一为供给社会学上的基本参考书，以辅助大学教本之不足"。丛刊之主旨乃是"要在中国建立起比较社会学的基础"。"魁阁"的实地研究报告，如费孝通的《禄村农田》、张之毅的《易村手工业》、史国衡的《昆厂劳工》、田汝康的《芒市边民的摆》等多是在"社会学丛刊"乙集中出版的。

80 多年前，社会学的前辈先贤正是以这样的方式奠定了中国社会学的基础。为发扬"魁阁"精神，承继"魁阁"传统，在谢寿光教授的主持下，云南大学民族学与社会学学院和社会科学文献出版社共同出版"魁阁学术文库"，以期延续"魁阁"先辈"社会学中国化"的理论关怀，在新的时代背景下，倡导有理论关怀的实地研究，以"魁阁学术文库"为平台，整合社会学、人类学、社会工作、民族学、民俗学、人口学等学科，推进有关当代中国社会的社会科学研究。受"社会学丛刊"的启发，"魁阁学术文库"将包含甲乙丙三"集"，分别收入上述学科综合性的论著、优秀的实地研究报告，以及国外优秀著作的译本，文库征稿的范围包括学者们完成的国家各类课题的优秀成果、新毕业博士的博士学位论文、博士后出站报告、已退休的知名学者的文集、国外优秀著作的译本等。我们将聘请国内外知名的学者作为遴选委员会的成员，以期选出优秀的作品，贡献世界。

是为序。

第十三届全国人大常委会委员、社会建设委员会副主任委员
中国社会科学院学部委员、社会政法学部主任

云南大学党委书记

# 目　录

# 绪　论

## （一）

小学操场边的大榕树旁有一条土路，顺着学校门墙外的小土坡向外伸延，从一座山延向另一座山，从山这边延向山对面，它时而隐入稀疏的树林，时而出现在干枯的草地中。坐在大榕树根上向远处眺望，可以隐约看到这条小路延伸到山对面的那一段。

一个四五岁的小女孩，常常坐在榕树下，看着山对面的小路发呆，她的思绪就顺着这条路跑啊跑，跑到了这条路的尽头——一个公路边的小镇，那里的食堂有好吃的米干，那里的供销社有甜甜的水果糖。但那里最吸引她的，是一条黑黑的柏油马路，那条柏油马路上不时会轰隆隆开过一辆大卡车，还没等看个仔细，瞬间卡车便绝尘而去。

女孩问爸爸妈妈，卡车要去哪里？在乡村学校当教师的妈妈笑着告诉她，卡车会把货物拉到大城市，到昆明，到北京。到北京？女孩惊愕了。这条道路能通到北京？那么，是不是她搭上一辆车，就可以上昆明、上北京了呢？也许，还可以去其他地方？美国、苏联可以去吗？

这个念头跳出来，女孩吓了一跳。她是从《参考消息》上看到这些国家的，她虽然还没有上学但已经会认一些字了。学校订了《人民日报》和《参考消息》，每半个月就会有邮递员把一大沓报纸送来。爸爸妈妈看报时，她也会顺手翻报纸，上面的字认识一大半，连猜带蒙能读懂不少。她知道北京是中国的首都，她知道美国、苏联、阿尔巴尼亚等不少国家的名字，爸爸妈妈告诉她，这些国家离他们那里很远很远。她还从《参考消息》上看到过外国有一种能洗衣服的机器，她觉得好神奇。

女孩就这样常常坐在榕树下，看着那条小路发呆，想着外面世界那些奇奇怪怪的事情。她也常常盼望着，什么时候会有一辆大客车开到榕树下，把她接出去，让她走出大山，走向外面的世界。

九岁的时候，女孩随着父母工作调动，离开了那个远离"公路边"的乡村小学，到了县城读书，后来又到北京去读大学，毕业后留在了省城工作。直到 40 年后的某一天她才终于有机会故地重游，小学校园早已焕然一新，只有那棵榕树依然默默地守候在校园门口。榕树旁的小路已变成了宽敞的水泥路。记忆中高大伟岸的榕树，现在却似乎不怎么起眼。在榕树下，她使劲向对面的山眺望，却怎么也看不见她曾经天天远眺的那条通往外面世界的小路。问了陪同的乡长，他说那条路还在，路线没有改变，只是太远了看不清楚。她突然有些迷惑，到底她小时候真能用肉眼看见那条小路，还是它只是女孩的心路？

那个曾经在榕树下发呆的小女孩就是我。正是那次故地重游，引起了我对"道路"这样一个学术选题的关注。

# （二）

2015 年寒假，我带研究生进行田野实习，田野点选在了云南省普洱市宁洱县同心镇①那柯里村。那次为期 20 天的田野调查让我们颇有收获。我们了解到那柯里村以及周边的一些村寨，在马帮时代都曾经作为马帮的歇脚点，为来往马帮提供食宿。当时的那柯里村有多家为马帮提供食宿的客栈，故那柯里村有"马帮驿站"之称。20 世纪 50 年代，昆洛公路的开通结束了那柯里村"马帮驿站"的时代。紧接着的社会主义改造和人民公社化运动使村寨社会急剧变化，村民进入集体生产时代。昆洛公路就在距离那柯里村 500 米的地方穿过，但是它与村民的生活若即若离，传统村落在社会主义建设中呈现或变或守的状态。这种道路与村寨变迁之间的某种相

---

① 2012 年，同心乡撤乡设镇，本书根据年份，保留两种说法。

似性，到底是一种巧合，还是历史的必然？

改革开放以后，那柯里村较早享受到了公路现代化的成果。213 国道改造首先从最重要的路段开始，磨（黑）思（茅）高速公路是这条道路上较早进行改造的道路。新修的磨思高速公路就从那柯里村寨边穿过，这使村民再次享受到了路边村寨的红利：公路上来来往往的汽车在市场经济的催生下日益增多，为往来人员提供食宿服务的汽车旅馆因此如雨后春笋般出现，充分利用"路边经济"的那柯里村民们很快就成为令人眼红的"万元户"。

但是，在享受了路边村寨红利 10 多年以后，"昆曼国际大通道"的建设却使他们瞬间陷入了"望路兴叹"的尴尬境地：昆曼高速公路同样从村寨边经过，但是高速公路的封闭式运营，使他们只能"望路兴叹"，不仅往来的车辆和人员不可能在那柯里停一停，就连村民自家的车也需绕行五六公里才能到达高速公路出入口。昆曼高速公路的开通使磨思高速公路的车流量断崖式减少，村民们经营的汽车旅馆生意一落千丈。

面对这样的困境，那柯里村民不得不寻求出路，当地政府也想方设法为这个路边村寨寻求新的经济增长点。我们第一次调查时，这个村寨的旅游经济才刚刚起步，宁洱县旅游局初步完成了村寨作为旅游景点的规划和基础设施建设。村民们对政府部门旅游开发的规划半信半疑，不愿意配合。当我们第二次去这个村寨时，它已经是一个小有名气的乡村旅游村寨了，节假日时的游客熙熙攘攘，村民们脸上洋溢着友善的笑容，忙碌而热情地招呼着游客。之后每次我们到村寨调研，都能惊喜地发现它的变化：旅游景观不断美化，民俗旅馆不断增多，外出打工的年轻人不断回归，外来投资不断增加……这一切，改变着那柯里的村落景观、村民生活、社会空间，使它变得生机盎然、魅力无限。

这个因路而生、因路而兴、因路而变的村寨，正是一个极具魅力的关于道路的人类学研究个案。在以《道路变迁对边疆少数民族的影响——以那柯里为研究对象》为题申报的国家社科基金项目获得批准之后，本研究正式启动了。本研究以路边村寨那柯里为研究对象，讨论道路变迁带给边疆少数民族村寨的多面性和深远影响。从本研究启动至今，我们研究团队几乎每个寒暑假都会到那柯里及其周边村寨进行田野调查。我们对这个村寨越了解，这个村寨给我们带来的思考越深刻。在做研究的这几年，我们一直在追踪这个村寨的发展和变迁，发现每次去那柯里都会有新的变化，旅游基础设施不断兴建和完善，村民对旅游开发的热情不断高涨，旅游开发给村民带来的心理变化日益微妙。这为我们从微观角度观察道路对边疆少数民族村寨的影响提供了更多的面向。

我们研究团队除了在那柯里村进行深入的参与观察式田野调查外，也深入宁洱县人大常委会、县政府、县旅游局、县文史馆等有关部门访谈相关领导和人员，查阅有关资料，其中有丰富的第一手资料。这些资料充实了本研究，为我们深入理解道路与边疆少数民族社区发展问题提供了帮助。村民们的热情接纳和宁洱县有关部门领导的大力支持，为本研究提供了保障。

# （三）

道路是人类与环境互动的产物，是一个区域社会经济发展的必要物质基础。从国家层面来看，道路关系着国家政令推行、政情沟通、区域协调、疆域控制；从经济层面来看，道路影响着区位条件、经济开发、物资流通、要素流动；从社会层面来看，道路关联着文化宗教传播、民族感情联络、族群互动交融；从国际层面来看，道路深远地影响着国际关系的亲睦与疏离。

从中国古代历史文献的叙事来看，当时人们对道路的理解侧重于将道路视为道路建设者的意志力指向（而这在很大程度上是政治动因）。如中国神话故事"愚公移山"可能是最早的以"道路"为主题的故事，其主旨不在于实现"道路"通达，而在于代代相传的"移山"精神所体现的人类战胜自然的勇气和决心。两千多年前，秦始皇所创设的"大一统"政治制度之所以能取得成功，与这个制度的配套系统——"开驰道""车同轨""书同文"制度措施的同步实施是分不开的。西汉时期的文明令人瞩目，与张骞"凿空"之旅开辟了"丝绸之路"，使中国与西方世界实现了沟通和联结不无关联。大唐盛世的辉煌，同样离不开水陆交通主干道在促进南北东西的物资运输、政令传达等方面的重要作用。宋代海外交通航线的开辟和对其的充分利用，为宋代经济发展开拓了新的近海市场和海外市场。

元朝军队的铁骑横扫欧亚大陆，兵锋所至，设站置驿，道路建设紧随军事征服而行，为元朝开拓广阔疆域奠定了基石。明清时期的道路交通网络的密集化、边地交通基础设施的完善等诸多方面的新变化，为国家统治和边疆治理的进一步加强提供了基础性支持。

中华文明的演进历史揭示了道路的政治意义，对今天我们研究道路问题有着重要的启示。在古代的道路研究中，道路这一议题通常被置于交通史研究视野下。道路和交通，是两个具有包含与被包含关系的概念。道路是不同地理空间之间的点所连成的线，而交通则是道路连通的两个空间之间的人与物产生的流动及其所形成的社会关系，古代之"交通诸侯"即指社会交往，今天之"交通运输"则指人与物的流动。无论是古代强调社会交往的"交通"，还是今天强调人与物流动的"交通"，都必须以道路的通达为前提。故道路为重要的基础设施，对道路的研究必然指向交通，而对交通的研究也必然以道路为主要对象。

改革开放以来，"要想富先修路"的口号让普通老百姓认识到了道路作为基础设施在经济发展中的重要性。古代对道路的研究偏重道路与政治关系①，现代对道路的研究经济学先行一步，将道路作为基础设施和公共产品与地区经济增长联系起来，讨论道路作为公共产品所具有的外部效应对经济社会发展的重要性。无论是马歇尔、萨缪尔森还是曼昆，都不约而同地在各自所著的《经济学原理》教材中专辟篇章对道路等公共产品的经济效应进行分析。中国的经济学学者同样重视道路等基础设施对区域发展的贡献，如刘生龙、胡鞍钢《交通基础设施与中国区域经济一体化》②，骆永民、樊丽明《中国农村基础设施增收效应的空间特征——基于空间相关性和空间异质性的实证研究》③，董晓霞等《地理区位、交通基础设施与种

---

①　参见王子今《中国交通史研究一百年》（《历史研究》2002 年第 2 期）一文，该文对 20 世纪中国交通史研究中有创新性贡献的研究成果进行了综合性回顾，文中所列举论述的研究成果是 20 世纪中国交通史研究领域的代表性成果。文中所综述的文章侧重于对交通道路的历史考证，明显地体现了政治对于交通的作用和交通对政治的影响。

②　刘生龙、胡鞍钢：《交通基础设施与中国区域经济一体化》，《经济研究》2011 年第 3 期。

③　骆永民、樊丽明：《中国农村基础设施增收效应的空间特征——基于空间相关性和空间异质性的实证研究》，《管理世界》2012 年第 5 期。

植业结构调整研究》① 等实证研究成果代表了这一研究取向。

但是，道路对社会的影响绝非仅作用于经济，其对文化、社会、环境等都有很强的作用力。研究道路对人类社会的影响，也不能仅从国家、政治、经济、军事等视角进行"宏大叙事"，还应该从它所作用的社会基本细胞——个人、家庭、社区等视角进行"显微解剖"。正如人不能脱离社会群体而置身于各种社会网络之外一样，一个社区也不能脱离道路线网所建构起来的"地理 – 人文"空间，而是在"地理 – 人文"空间的多因素的作用下被不断塑造。因此要研究社区及社区之中群体的社会发展与文化变迁，道路这一要素不可或缺。从小社区入手、以个案研究透视大社会问题，是民族学、人类学研究的特色，能够弥补其他学科从宏观和中观层面研究道路或交通问题的不足。同时，从文化的视角探究社区道路影响下的生计转型、社会关系演进、文化融合互动等问题，是民族学、人类学之长，弥补了其他学科对道路研究尚未深入的不足。

以人类学的视角和方法最早对中国的道路进行研究的成果，当属施坚雅的《中国农村的市场和社会结构》②。该书基于四川地区实地调查资料，剖析了中国传统村落、市场、道路之间的关系，认为中国乡村社会并非以村落为社会单元，而是以乡村集市所联系的多个村落构成的六边形区域形成了完整的乡村社会。道路不仅成为联结集市与村落的关键要素，而且在影响中国城乡市场等级结构（乡村市场 – 中间市场 – 城市市场）及其成长变迁的过程中有着重要的意义。2010 年，周永明教授在香港《二十一世纪》杂志上发表了《道路研究与路学》③，首次提出了应从路学（roadology）这一文化视角进行道路研究。具体而言，就是不仅要关注道路修建过程中的社会历史因素，而且要注重其象征层面的文化符号建构。之后周永明又发

---

① 董晓霞等：《地理区位、交通基础设施与种植业结构调整研究》，《管理世界》2006 年第 9 期。
② 施坚雅：《中国农村的市场和社会结构》，史建云、徐秀丽译，中国社会科学出版社，1998 年。
③ 周永明：《道路研究与路学》，《二十一世纪》2010 年总第 120 期。

表了《重建史迪威公路：全球化与西南中国的空间卡位战》①、《汉藏公路的 "路学" 研究：道路的生产、使用与消费》② 等文章，将其路学的理论构架运用于个案研究，通过个案研究丰富其路学理论。如《汉藏公路的 "路学" 研究：道路的生产、使用与消费》一文强调公路是复杂的社会空间，汉藏公路之所以具有超乎寻常的知名度，原因在于它作为兼具时间性、社会性、开放性和移动性的特殊空间，被不断地生产、使用和消费。道路的现代性意涵，不仅在于它具有实际使用功能，而且在于它具有巨大的消费价值。在周永明教授的倡导下，以路学或道路的人类学研究为议题的专题讨论相继展开。如著名地理学刊《移动性》（Mobilities）出版了 "道路与人类学" 专辑，收录了 7 篇专门研究道路的民族志文章。③ 2014 年 12 月，重庆大学人文社会科学高等研究院人类学研究中心举办了首届国际路学工作坊，并把工作坊的学术成果结集成论文集《路学：道路、空间与文化》并出版。④ 之后，南方科技大学多次组织以路学为议题的学术研讨会，进一步推动了路学研究的发展，扩大了学术影响力。薛熙明的《道路社会文化研究：基于路学与流动性的思考》⑤ 总结了国内外路学和流动性相关研究成果，指出目前道路研究的两种倾向：以文化人类学为中心的路学研究关注道路建设和使用过程中的国家和地方、网路与节点之间的关系，强调物质流动与社会建构的内在联系；社会文化地理学则以人地关系为基础，将道路本身视为一个流动的物质空间，探讨其中社会空间的生产、人的主体空间感知和身份认同。

在中国道路建设飞速发展的社会背景和中国 "一带一路" 倡议下，越来越多的学者参与到路学或道路的人类学研究之中。赵旭东、周恩宇的《道路、发展与族群关系的 "一体多元" ——黔滇驿道的社会、文化与族

---

① 周永明：《重建史迪威公路：全球化与西南中国的空间卡位战》，《二十一世纪》2012 年总第 132 期。

② 周永明：《汉藏公路的 "路学" 研究：道路的生产、使用与消费》，《文化纵横》2013 年第 3 期）。

③ D. Dalakoglou & P. Harvey. *Roads and Anthropology: Ethnographic Perspectives on Space, Time and (Im) Mobility.* London：Routledge，2012，7：4，459 – 465.

④ 周永明主编《路学：道路、空间与文化》，重庆大学出版社，2016 年。

⑤ 薛熙明：《道路社会文化研究：基于路学与流动性的思考》，《人文地理》2020 年第 5 期。

群关系的型塑》① 一文，提出了"道路民族志方法"，即"从文化的视角对道路实体本身的观念预设、空间形态及其对外在社会和环境的形塑过程加以整体呈现，附加以人们对道路的历史文化记忆、影像图片资料、规划设计过程等多种途径全面呈现和理解道路的社会与文化意涵，反思性地记录道路本身及其变迁过程对社会和文化的形塑"，并从观念的优先性、空间的文化表达及空间的力三个面向概括阐释了黔滇驿道对贵州社会文化和民族关系格局所产生的影响，进而探讨了国家在不同时期如何以道路为载体策略性地获取统治正当性。周恩宇在《道路研究的人类学框架》② 和其博士学位论文《道路、发展与权力——中国西南的黔滇古驿道及其功能转变的人类学研究》③ 中，在对前面所提到的概念做进一步阐释的基础上，对黔滇古驿道对贵州板块文化的形塑过程以及滇黔古驿道现代道路建设及其背后的权力控制逻辑进行了具体分析，反思国家在修路过程之中的权力控制和国家通过修路实现区域的发展权分配。

　　另一个对道路的文化属性进行深入探索的是朱凌飞，他早期关注的是修路事件背后的文化权力问题。《玉狮场：一个被误解的普米族村庄——关于利益主体话语权的人类学研究》④ 和《修路事件与村寨过程——对玉狮场道路的人类学研究》⑤ 两篇文章，通过对普米族村寨玉狮场修路事件的梳理，认为道路建设直接引起"地方性"与"全球化"二元关系碰撞，并探讨了其背后文化权、发展权、话语权等政治文化逻辑。在这一修路事件中，道路作为现代化的隐喻，"拒绝道路"对于外来者来说，意味着帮助普米族保护传统文化；而对于文化持有者普米族而言，意味着继续与外界

① 赵旭东、周恩宇：《道路、发展与族群关系的"一体多元"——黔滇驿道的社会、文化与族群关系的型塑》，《北方民族大学学报》（哲学社会科学版）2013 年第 6 期。
② 周恩宇：《道路研究的人类学框架》，《北方民族大学学报》（哲学社会科学版）2016 年第 3 期。
③ 周恩宇：《道路、发展与权力——中国西南的黔滇古驿道及其功能转变的人类学研究》，中国农业大学博士学位论文，2014 年。
④ 朱凌飞：《玉狮场：一个被误解的普米族村庄——关于利益主体话语权的人类学研究》，《民族研究》2009 年第 3 期。
⑤ 朱凌飞：《修路事件与村寨过程——对玉狮场道路的人类学研究》，《广西民族研究》2014 年第 3 期。

保持"隔绝"、维持"落后"状态。之后，朱凌飞还与合作者发表过几篇有分量的文章，如《边界与通道：昆曼国际公路中老边界磨憨、磨丁的人类学研究》① 一文在对磨憨、磨丁口岸因国家边界形成区隔、因昆曼高速形成"连接"进行具体分析的基础上，讨论了通道在边境地区所具有的全球化的经济属性，及其促进文化交流和民心相通的社会经济和文化价值。又如《道路、聚落与空间正义：对大丽高速公路及其节点九河的人类学研究》一文，从空间正义与非正义的理论视角，以大丽路对九河这一交通节点的负面影响为研究对象，讨论高速公路怎样改变了"城－乡"空间关系，导致新的城乡区隔的出现。② 这篇文章把现代道路发展使乡村聚落失去道路节点意义而引起的社会主体地位衰退用空间非正义理论视角进行讨论，体现出很强的社会批判性。对于日益高等级化的现代道路会引起路边的村落发生什么样的改变，早有翁乃群主编的三卷本《南昆八村：南昆铁路建设与沿线村落社会文化变迁》③ 进行了调查研究，该书分为广西卷、贵州卷、云南卷三卷，就南昆铁路沿线八个村落的聚落形态、经济结构、亲属关系、社会关系、习俗与宗教等方面进行调查研究，发现铁路通车后村民并没有将铁路变为自己经济生产中可以利用的交通运输工具，村民仍然以小农经济为生计，其社会生活也依然遵循传统。这些调查研究虽然在理论思考方面略显薄弱，但是所得出的结论却是发人深省的。赵旭东、周恩宇的研究也特别指出高速公路的逻辑是点对点的，其中封闭的高速道路系统将人流、物流、信息流集中于某些重要的节点，即沿线大城市，而城市与城市之间的中间社区和社会则在很大程度上被忽略了。④ 其实，这不仅仅是村落被道路忽略了，也不仅仅是道路与村落互不关联，现代道路对时空的压缩效应，强化了少数城市交通节点，而弱化了大多数曾经是交通节点的县

---

① 朱凌飞、马巍：《边界与通道：昆曼国际公路中老边境磨憨、磨丁的人类学研究》，《民族研究》2016 年第 4 期。

② 朱凌飞、胡为佳：《道路、聚落与空间正义：对大丽高速公路及其节点九河的人类学研究》，《开放时代》2014 年第 3 期。

③ 翁乃群主编《南昆八村：南昆铁路建设与沿线村落社会文化变迁》（广西卷、贵州卷、云南卷），民族出版社，2001 年。

④ 赵旭东、周恩宇：《道路、发展与族群关系的"一体多元"——黔滇驿道的社会、文化与族群关系型塑》，《北方民族大学学报》2013 年第 6 期。

城、乡镇和村落。

越来越多的个案研究对道路现代化对沿线社区的负影响予以关注。如袁长庚在《方位·记忆·道德：道路与华北某村落的社会变迁》① 中通过对华北某村落的道路进行调查，发现道路的修建并不一定会带来积极效应，有时候会加剧地方社会内外之间的区隔。周大鸣、廖越的《聚落与交通："路学"视域下中国城乡社会结构变迁》② 通过山西省介休市大靳村的田野材料，呈现了该村从传统"朝圣之路"时代作为区域中心，到"汽车路"时代区域中心的地位被逐渐削弱，再到"高速公路"时代村庄越来越被边缘化的过程。周大鸣、马露霞的《青藏线上的城镇：路学视角下的县域实践》③ 所研究的青藏线上的乌兰县同样因青藏铁路二期建设导致其交通枢纽地位下降而产生社会经济衰退现象。李志农、张辉的《边疆民族地区道路建设与村落社会变迁——基于滇藏线重镇奔子栏村的考察》一文也弥漫着对受道路变迁影响，茶马古道上的重要交通节点奔子栏村面临被疏离而沦为"窗外的风景"的担忧。④

道路的人类学研究，似乎从最初的具有"弹性"、开放性，能带动区域社会经济文化多维发展的"幸福之路"，变成了令人沮丧的，导致乡村社会衰退、边缘化、城乡差距日益扩大的"区隔之路"。现代高等级化道路既然对乡村社会带来如此深重的"灾难式"影响，那么，乡村社会是不是要拒绝道路现代化？答案显然是否定的，没有人会拒绝或反对他们的家乡修建高速公路和高铁。是不是修建高速公路和高铁就剥夺了乡村社会的发展权？答案同样是否定的，"要致富，先修路"的经济逻辑任何时候都成立。那么，应该如何看待道路现代化与乡村社会的发展？本研究或许能为探究这一问题提供一个视角。

---

① 袁长庚：《方位·记忆·道德：道路与华北某村落的社会变迁》，载周永明主编《路学：道路、空间与文化》，重庆大学出版社，2016 年。
② 周大鸣、廖越：《聚落与交通："路学"视域下中国城乡社会结构变迁》，《广东社会科学》2018 年第 1 期。
③ 周大鸣、马露霞：《青藏线上的城镇：路学视角下的县域实践》，《西南民族大学学报》（人文社会科学版）2021 年第 3 期。
④ 张志农、张辉：《边疆民族地区道路建设与村落社会变迁——基于滇藏线重镇奔子栏村的考察》，《思想战线》2021 年第 5 期。

# （四）

本书以路边村寨云南省普洱市宁洱县那柯里村为研究对象。关于路边村寨那柯里的前世今生，前面已略有介绍，它是一个因路而生、因路而兴、因路而变的边疆少数民族村寨，它因与道路的密切关系而可被视为我们探究道路与村落关系的典型个案。本书主要从以下三个方面深入讨论道路与边疆少数民族村寨发展的问题。

## 一　道路、区位与发展机会

人类交往的根本动力是物质需求，人们探索外部市场，与其他地理空间的人进行交往，其最初和最根本的目的在于获取他者的物质，或改善自己的生活条件、满足自己的发展性愿望。道路具有两个显著的特性：通连性、流动性。道路是地理空间之间的连接线路，道路的开辟使两个地理空间形成通连，使两个社会空间的人和物流通，实现了人类最初和最根本的愿望——与他者进行物的交换和思想的交流。通连是流动的前提，流通是通连的结果，劈山筑路、凿洞穿行的目的在于实现空间之间的人与物的流动。因此，形成通连才有可能出现人与物的空间流通。

本书的研究对象那柯里所依存的第一条道路——茶马古道，就是一条西南各民族之间将茶、盐等物品进行长途贩运贸易而形成的传统古商道。普洱茶的主要产地是今西双版纳勐海等地，当时被称为六大茶山之一。普洱府治所为今宁洱县城，是普洱茶的贸易集散地。今宁洱的磨黑、石膏井两地，又是滇南重要产盐区，所产之盐行销澜沧江流域的江内外一带以及滇东南地区。由此可见茶马古道上马帮贸易的繁盛。

那柯里村是茶马古道上的一个小村落，它既没有茶、盐之类的物产向外输出，也没有进行盐、茶贸易的集市，对外界的商品物资也几乎没有需求。它与道路的关联，在于它为这条路上往来的人和马提供食宿。道路的流动性为那柯里带来了人流，往来的马帮、商人、挑夫成为那柯里村民服务的对象，那柯里村的人店和马店为商路上奔波的商人与马匹提供了安全、温暖的短暂停歇之处。

这一小小的驿站甚至不能被算作一个交通节点，因为这条路上到处都有类似的小鸡毛店，往来的马帮可以忽略那柯里的存在而另寻住宿之地。那柯里能逐渐发展成有几家小有规模的马店、人店的驿站，离不开那柯里村的区位条件：一是处在马帮必经道路上；二是有水源；三是它恰好处于两个相对较大的交通节点的中间点上，是马帮行进一天较为合适的休息点位。这符合著名的经济地理学家勒施对好的区位的定义："一个合适的区位，必然是一个能保证事情会更妥善发展的区位。"[①]

但是，区位因素并非一成不变，一个地理空间因道路而获得区位优势，也将因道路变化而发生改变。在昆洛公路建成以后，现代交通运输系统的发展使马帮道路被废弃，那柯里作为马帮驿站的历史也宣告终结。昆洛公路距村寨约500米的距离并非村民与道路若即若离的原因，也不是交通现代化的门槛使村民可望而不可即。改革开放以后，老213国道上"黑猫旅社"的红火和新213国道磨思公路段修建后那柯里村如雨后春笋般出现的20多家汽车旅馆的火爆，证明了交通现代化的门槛并不难迈过，难以迈过的是观念现代化的门槛。在"不管黑猫白猫，抓住老鼠就是好猫"的政策引导下，那柯里村民们进入了个体经济发展的快车道，所依托的区位优势仍然是路边村寨，而村民们的成功则更多地应归因于其"敢为天下先"的市场眼光。

当"昆曼国际大通道"建设竣工之后，高速公路所产生的时空压缩使那柯里村民们再次失去路边村寨的区位优势，村民们为获得新的道路发展权所做的努力令人印象深刻。大多数村民在主动接受了政府为他们设计的利用观念之路茶马驿站来对接现代之路的乡村旅游规划之外，还不遗余力地去推动一件不可能的事情——让高速公路专门为那柯里村开一个进出口。村民们通过正式的或非正式的渠道，不断向上级有关部门提出诉求，还利用了反贫困的政策话语表达诉求，最终获得了在高速公路上修建那柯里停靠区的变通解决方案，使那柯里有道路（游客栈道）与高速公路形成

---

① 奥古斯特·勒施：《经济空间秩序》，王守礼译，商务印书馆，2013年，中译者绪言。

节点对接，被封闭的高速公路区隔的地理空间得以连通。

在道路变迁过程中，一个地方的相对位置会发生改变，从而导致区位条件改变。这是物的相对关系的变化而产生的外在因素对人所赖以生存的空间的影响。应该看到，人类与其他动物的区别在于人类能够主动地、积极地适应外部环境的变化。当道路变迁导致区位条件发生变化时，社区集体力量的大小和人们应变能动性的强弱，决定了人们能否变不利为有利、变边缘为中心。在昆曼高速公路建起之后，那柯里村开发茶马驿站旅游经济的"观念之路"以及努力在高速公路开一个出口连接村寨等应对策略，可谓是充分发挥了村寨的集体力量和村民的主观能动性，使那柯里保持了原有的路边村寨区位优势并在新的生计发展业态中获得升级。村寨的发展权不仅没有旁移或被削弱，反而因为道路的一次又一次变迁而得以强化。

## 二 道路、国家隐喻、国家力量与村寨转型

那柯里与道路的关系可分为四个阶段：第一阶段，马帮道路与驿站经济；第二阶段，国防公路与集体化经济；第三阶段，新老213国道与汽车旅馆经济；第四阶段，昆曼高速公路与茶马驿站旅游经济。在这四个阶段中，第一阶段和第二阶段十分相似，道路因区域之间商品和要素的通连需要与流动需要而自动开辟和高等级化，村民在利益最大化原则的驱动下的个体化经济发展策略强化了村寨发展路边经济的动机。道路的流动性是他们财富的源泉，改革开放初期村民掘下的第一桶金带给他们的不仅是财富积累，更是其他社会优势。

那柯里在第二阶段表面上与道路若即若离，但是，这条道路的影响却最具深远意义：深深根植于村民集体记忆中的"国防公路大会战"上迎风招展的红旗和震天动地的锣鼓，表现了新中国社会主义建设的号角在边疆少数民族地区吹响；以国防公路命名的道路强烈展现了国家的意志，建设社会主义国家的方针政策也和道路修筑在时空上同向：它们都是从内地向边疆、从中央向地方传递和延伸的。新建成的国防公路上奔跑的汽车让村民惊奇的同时，随之而来的一系列社会制度改革让村民产生巨大的"文化震撼"，宁洱红场剽牛结盟使广大少数民族地区人民认识到

"团结一心跟党走"的意义，土地改革让广大百姓体会了"人民当家做主人"的自豪感，集体化时代的生产生活互助使村民感受到了"社会主义制度优越性"。国家制度犹如国家道路，直接、快速、不由分说地进入边疆少数民族村寨之中，形塑着边疆少数民族群众的社会生活。因此，那柯里村旁的那条国防公路，不仅是一条实实在在的交通道路，更是一条社会主义的国家道路，它引导着边疆少数民族群众跟着共产党走向社会主义的康庄大道。

在第四阶段，道路同样与政府紧密关联，甚至与国际力量紧密关联。作为被编入亚洲公路网 AH3 公路的"昆曼国际大通道"，其通车本身就是大湄公河次区域国家之间合作的成果。国际化道路开通意味着全球流动性的增强，特别对于云南这一内陆边疆省份的经济社会发展具有重要意义，它因此被赋予了更多的促进区域经济发展的期望。然而，以快速、直接、高效为指向的道路发展改变了那柯里作为路边村寨的区位因素，使之成为被道路区隔和边缘化的一个村落。不过，道路经济在高速公路通车后呈断崖式下降的困局并没有阻碍那柯里的发展，一场灾后重建拯救了这个村寨，使之仍然保持着路边村寨的优势——当地政府利用 2007 年"6·3"地震灾后重建资金将其打造为茶马驿站历史文化特色旅游明星村，这一地方性策略将无形的文化之路与现实的国际大通道形成了新的对接，从而使那柯里获得了新的发展机会。

事实上，那柯里这一新发展机会的获得并非"发灾难财"的机会主义行动，而是地方政府长期规划设计的结果。在完成全面脱贫和促进乡村振兴的国家任务驱动下，地方政府面临着发展乡村经济的巨大压力，积极主动地用"看得见的手"推动乡村经济发展，对于经济发展相对落后的边疆少数民族地区既是捷径，也是必由之路。于是，地方政府抓住了灾后重建这一机会，整合灾后重建资金、扶贫开发资金、乡村振兴项目资金等多项财政转移支付资金，通过直接投资的方式强有力地主导着那柯里旅游经济开发与村民生计转型。在那柯里的旅游开发中，在旅游规划设计、村落景观改造、旅游文化符号建构、社区人文环境重塑、客栈农家乐发展、外地文化精英引入等各个方面，政府的指挥棒无处不在，政府的影响力无处不达。

由此可见，那柯里这个路边村寨两次具有革命性的经济社会转型都是国家力量形塑的结果，都与道路有关。作为物的道路在那柯里村民的日常生活中的弱化并不意味着道路的影响不存在，无论是国防公路的建设还是高速公路的建设，所必需的资本和技术依赖国家的强大力量，道路建设的目标指向是边疆少数民族地区国家战略意义上的对外开放，作为人流、物流、信息流的载体，道路是国家援助物资流入的通道，是对口支援人员进入的通道，同样也是方针政策上传下达的通道。地方政府充分利用中央有利政策，积极主动地介入村寨发展的方方面面，从而促进村寨经济的快速转型。"经济学的真实任务，不在于解释我们可怜的现实，而是在于改善它。"① 在那柯里村经济转型的在地化实践中，地方政府成功地利用"看得见的手"实现了区位因素的改善，使那柯里村没有遇到其他地区出现的道路现代化带来的社区经济萎缩问题。

### 三　道路、乡村社会景观与乡村文化传统

"道路在乡村聚落景观格局中扮演重要的角色，不仅是整合村落内部不同空间的基本方式，同时也是沟通内部与外部的主要形式，进而与村寨的历史记忆、社会网络、价值理念密切相关。"② 回顾路边村寨那柯里的前世今生，道路与那柯里之间所体现的绝不是显而易见的生计转型问题，而是影响更为深远的社会关系变化和文化传统变迁问题。

道路改变着乡村聚落的景观与社会空间。传统马帮时代，那柯里因道路而出现聚落，聚落为道路服务的特点使那柯里的区位优势凸显出来。为方便马帮过河而建的桥成为村寨的核心景观，而桥也联结着分散在溪河两边茶马古道旁的几户人家，使之构成一个整体的聚落空间。这座木桥，既是村寨的道路，也是马帮的道路，它构成了村寨与外部世界的交界点，使其具有了内外相连的社会意义。在昆洛公路时代，新修的国防公路在村寨

---

① 奥古斯特·勒施：《经济空间秩序》，王守礼译，商务印书馆，2013 年，第 4 页。
② 朱凌飞、胡为佳：《道路、聚落与空间正义：对大丽高速公路及其节点九河的人类学研究》，《开放时代》2014 年第 3 期。

之外 500 多米外，新的村舍空间布局具有面向昆洛公路的特点，而村寨核心景观则转向了供销社，这个外来经济实体是计划经济的体现，是国家力量渗入乡村社会的象征符号。20 世纪 90 年代，新 213 国道磨思公路的修建使村寨重新成为路边村寨，为汽车旅馆和周边村民服务的小卖部成为村落的公共空间和核心景观，那里是村民们的"前台"，日常交往中的平实融洽和因经济利益而导致的斤斤计较，都会在那里出现。进入昆曼高速公路时代，以"茶马驿站那柯里"为文化符号的乡村旅游开发，为满足游客凝视需要而构建诸多新景观，使那柯里呈现现代村落的景观特色，无中心化的村落空间让所有村民都有参与旅游经济的可能性，但也使村民自己的公共空间被挤压。

道路还在很大程度上影响着村民的通婚圈。马帮道路时期，那柯里的通婚圈呈现本地熟人圈的特点，但是它与其他村落又有一些区别。一是具有开放性。那柯里村民具有族际通婚的特点，婚姻关系中并没有把民族身份作为考量的要素，这与其他少数民族村寨有明显的差异，表明那柯里村传统时期在婚姻观念上就相对开放。二是具有择偶优势。因从事马帮驿站生意，村民家庭经济条件相对较好，可进行"门当户对"的配偶选择。在昆洛公路时代，现代道路使那柯里村民与外地人员（修路工人、道班工人、司机等）的接触增多，通婚圈因此出现了与道路一致的走向，也就是说通婚圈在空间分布上呈线状特征。在高等级公路时代，受道路快速、便捷、通达的直接影响和道路影响下人的观念等方面的改变，那柯里村民的通婚圈呈同心圆扩张并向离散状态发展。可见，不同时代，虽然那柯里通婚圈的范围、圈层特点不同，但是都具有"千里姻缘一'路'牵"的特点，道路改变了人的地理活动空间，也使人的社会交往空间大大拓展。从熟人关系网络的婚姻关系缔结方式，到陌生人之间的婚姻关系缔结形式，从嫁出去到招进来，通婚圈变化背后是村民的婚姻观在不断改变，现代性从婚姻关系缔结中能够明显而清晰地被观察到。

道路于无形之中形塑着那柯里村民的社会生活，村民们的社会日常被不知不觉地改变着。如何认识"我者"？"下山"去打工的罗妹在思考着她的未来，要回到即将开通新道路的"山上"去经营农家乐；"下山"去公路边的杨姐大胆地向信用社贷款，盖起新民宿店。她们的命运似乎被道路所牵制，被外力所驱使，但是这一外部改变力已然成为她们自我追求改变的内驱力，她们不再寄希望于他人，而是期望靠自身力量改变自己的未来生活，她们的自信与憧憬让人看到了希望。如何理解"他者"？从那柯里村民对政府引进的第一个艺术家的好奇、反感、对抗，到对后来引进的其他艺术家和外地精英的宽容、友好、接纳，体现了村民们对"他者"理解的改变，只有接触、碰撞才能形成交流，在不断增进的交流中才能形成交融。而道路的实质是一种通道，它不仅促进了物的流通，更促进了人的沟通与交流，成为与"他者"交往交流交融不可缺少的通道。

布罗代尔指出："历史事件是一次性的，或自以为是独一无二的；杂事反复发生，经多次反复而取得一般性，甚至变成结构。它侵入社会的每个层次，在世代相传的生存方式和行为方式上刻下印记。"[1] 在布罗代尔看来，地理、气候、生态环境、社会组织、文化等因素是对历史起到了经常、深刻作用的因素，也是变化极慢的因素。那柯里村是一个彝族村，但是今天在村寨中很少能找到彝族文化的象征符号，村民穿上彝族服装觉得"不舒服""不习惯"。在西南边疆少数民族地区，中原文化与少数民族文化的交流经历了汉人"夷化"和少数民族"汉化"的过程，二者此消彼长。[2] 中华民族共同的文化在西南边疆少数民族地区的传播和扩散在很大程度上是借助道路实现的，道路节点城市、路边村寨是最早受到文化传播影响的区域，文化濡化的发生也首先从这些节点开始，形成点线状的文化带。

## （五）

本书通过研究框架形成逻辑结构，并通过章节的具体内容来呈现上述观点。

---

[1] 费尔南·布罗代尔：《15 至 18 世纪的物质文明、经济和资本主义》，顾良、施康强译，上海三联书店，1992 年，第 27 页。
[2] 廖国强：《清代云南少数民族之"汉化"与汉族之"夷化"》，《思想战线》2015 年第 2 期。

第一章"茶马古道上的马帮驿站"。本章通过对各历史时期的普洱府行政沿革、主要经济物产茶与盐的贸易、茶马古道的发展等方面的追溯，呈现马帮驿站那柯里兴起的历史背景，以及马帮驿站时代那柯里的发展情况。

第二章"国道建设与边疆村落的变迁"。本章考察了新中国成立以后云南昆洛国防公路的修筑对那柯里的影响。昆洛国防公路，其名称就具有极强的国家隐喻意义，国防公路修建的目的在于维护边疆安全和加强边疆治理。昆洛公路的建成结束了那柯里的马帮驿站时代，村民们进入了集体经济时代。现代公路在乡村社会生活中若即若离，但是公路作为国家的象征，早已植入了村民的社会生活之中，边疆村落的国家化在国家道路的建设与利用中得以实现。

第三章"213国道与那柯里村民的个体经济实践"。本章探讨了改革开放之后老213国道和新213国道磨思公路段修建以来，那柯里村民利用路边村寨的区位优势，发展汽车旅馆和微型车客运的情况。从首先开张的"黑猫旅社"，到村民利用金融杠杆扩大经营等个体经济实践，体现了那柯里村民"敢为天下先"的勇气和能够瞄准市场需求发展经济的眼光。观念的先进性和眼界的开阔性，都与他们作为路边村寨的村民不无关联，他们有更早接收到经济信息的优势，有更早受到外部思想观念影响的条件，道路给村民带来的开放性让他们赚到了改革开放的第一桶金。

第四章"昆曼国际大通道与那柯里村寨经济转型"。随着经济社会的进一步开放和国家力量的进一步增强，边疆少数民族地区道路的高速化和国际化通过昆曼公路的建成得以实现。但昆曼公路的封闭性和直达性却让那柯里村民失去了路边村寨的区位优势。地方政府利用地震灾后重建的机会，对那柯里村寨经济进行了重新定位并引导其转向，以"茶马驿站那柯里"为文化符号开发村寨旅游经济并获得了成功，地方政府巧妙地将无形的文化之路与有形的高速公路结合起来，使村寨经济实现了转型。

第五章"'看得见的手'与茶马驿站那柯里"。本章分析了地方政府在那柯里从路边经济向村寨旅游经济转型过程中所扮演的角色。那柯里发展旅游经济是与宁洱地震灾后重建和新农村建设结合起来进行的项目规划与设计，从一开始就具有浓郁的政府色彩。在那柯里的旅游开发中，诸如规划设计、资金投入、景观改造、旅游经济启动等无一不是政府强有力推动的结果。这表明，在市场发育不完善的边疆少数民族地区发展经济，政府这只"看得见的手"若运行得科学合理，对快速推动区域经济发展有积极效果。

第六章"道路形塑下的村落景观与社区空间"。本章分析了道路对那柯里村落自然景观与社会空间变化的影响。在马帮道路时期，道路嵌入村落之中，木桥是村落的核心景观。在昆洛公路时期，国防公路从村寨不远处穿过，社会主义制度引领村民走向新生活，代表政府的供销社扮演了核心景观角色，守望相助成为困难时期村民的生活希望。在磨思公路时期，路边经济的发展使村里的小卖部成为村落核心景观，村民的社会空间随着经济利益的变化发生改变。在茶马驿站那柯里时期，村落生态空间发生重大变化，村落的社会空间却难以安置，村民之间的亲缘关系、地缘关系在逐渐淡化的同时，与外部社会的业缘关系则日益强化。

第七章"千里姻缘一'路'牵：道路与村民通婚圈的变化"。本章考察了道路对那柯里村民通婚圈的影响。在马帮道路时期，马帮路通过影响村民生计间接影响当地婚姻关系缔结，但并未脱离熟人社会通婚圈。在昆洛公路时期，筑路和搭便车使那柯里村通婚圈发生改变，呈现与道路走向一致的线状扩展模式。在磨思公路时期，与道路毗邻的区位优势对那柯里村民婚姻关系缔结的影响显而易见，呈现以村寨为中心向外同心圆圈层扩大的特点。在昆曼高速公路时期，受网络的影响和村寨旅游开发文化之路等多方面影响，村民婚姻选择也呈现离散性特征。道路在婚姻关系缔结中所起到的重要作用，在于它能够快速地将种种社会变革性因素，通过路的传递输入道路通达之地，从而影响人们的社会交往关系。那柯里村民的通婚圈变迁也正是在这个意义上体现出道路在村民婚姻关系缔结中的"嵌入"。

第八章"改变的和被改变的：那柯里村的现代性讨论"。本章从几个侧面考察了道路对那柯里村民深层文化变迁的影响。道路改变的不仅是村寨景观、村民生计、村民通婚圈，还有村民的日常生活。无论是那柯里村的年轻大学生的追求变化，还是村民对外地精英从对抗转向友好，抑或在村民日常和非日常生活中的民族文化特色消隐，这一切都表明，对村民而言，道路更为深远的意义在于它作为一种商流、物流、信息流的载体，给村民带来了很多新的、异质的东西，在潜移默化地改变着村民的思想观念，进而改变着他们的社会生活。这就是道路给路边村寨带来的变化：现代性的植入。

对于边疆少数民族地区的一个小小路边村寨，道路不仅给村民们带来了经济上的繁荣，还带来了社会交往空间的扩展和文化的变迁，更重要的是在党的领导下，边疆少数民族地区的道路现代化推进的过程，也是边疆人民走向新时代、走上新道路的过程。

以上是本书所讨论的议题，道路对一个路边村寨村民的经济生活和社会生活的形塑，正是道路人类学所探讨的主题。鲁迅说："世上本没有路，走的人多了，也便成了路。"道路人类学作为一个新兴的课题或者一个新兴的分支学科，正有越来越多的学者们加入这一领域的探索，或许这也是一条正在拓展的新路吧！

# 第一章　茶马古道上的马帮驿站

赶马的小阿哥阿妹来等着

阿哥你要快快来

妹妹把情话说　依哟喂


阿妹呀你等着阿哥放马咯

等着太阳快快落

再把那情话说　依哟喂

……

　　这首被著名歌唱家阎维文、雷佳、王宏伟等倾情演唱过的《马帮情歌》，其创作灵感源于一个古老的茶马驿站——那柯里。那里有一条古老的茶马驿道，青石板铺就的小道上一个个深陷的马蹄印依然清晰可见，它指引着马帮顺着小道一直向前；那里有一道道炊烟于傍晚升起，温暖而温柔，召唤着疲惫的赶马人停下来歇一歇脚。那柯里，马帮道路上一个因路而生的村寨，从第一户人家定居之时起，就注定了它与道路相生相兴的历史与未来。

## 第一节　滇西南宁洱

　　要想了解路边村寨那柯里的历史，首先要了解它所处的区域——宁洱县的发展历史。

## 一 滇西南绿原宁洱

打开地图，你会在云南南部偏西的区域找到普洱。普洱作为云南西南边陲的地级市，下辖一区九县，宁洱哈尼族彝族自治县就是这九县之一。宁洱县位于云南南部、普洱市中部，地处横断山系南段、无量山脉南部边缘，南与江城哈尼族彝族自治县和思茅区山水相连，西沿小黑江与景东傣族彝族自治县毗邻，北接镇沅彝族哈尼族拉祜族自治县。宁洱地处滇南边陲，北距云南省会昆明市 370 公里，南距普洱市政府驻地思茅区 33 公里，近临缅甸、老挝，可利用周边县市的边境口岸通往东南亚地区，如从宁洱经江城勐康口岸或西双版纳勐腊磨憨口岸可达老挝，从宁洱经孟连口岸可达缅甸。

去宁洱，在中老铁路未开通之前，最便捷的方式是从昆明坐飞机。从昆明长水机场出发，只用 45 分钟就可到达思茅机场。从思茅机场打车只用半小时就到了宁洱县城。如今，中老铁路开通，宁洱是经停站，只需要三个小时左右，就可以乘坐动车从昆明抵达宁洱，又快捷又省钱。

不过，我还是推荐乘坐飞机去宁洱，你能够从高空真切地欣赏这片滇西南的绿：从飞机上往下俯视，满眼都是郁郁葱葱，山连着山，绿连着绿，在重峦叠嶂的大地上铺成了曲线起伏的绿毯，似乎是一块灵动的土地。

这一片绿色是宁洱的生态财富，被当地人形象地称为"绿色生态银行"。若问起这片具有生态资源价值的绿色土地的资源状况，当地人会自豪地报出他们的家底：全县土地面积 3670 平方公里，各地海拔在 1100 米至 1400 米之间；以山地为主，间有河谷坝子，山地面积占全县总面积的 97% 左右，森林覆盖率高达 74%。

在空中你还未欣赏够这片绿海，飞机已在思茅机场停稳了。从机舱舱门走出的那一瞬间，一股热浪猛地向你扑来。你不必惊诧，热，也是宁洱的一个特色。宁洱地理位置处于北纬 22°4′—23°36′，东经 100°42′—101°37′，地跨北回归线且大部分土地位于北回归线南部，全年分干湿两季，平均气温在 20 摄氏度以上，属于亚热带季风气候和热带雨林气候两种气候类型。

这就是宁洱，今天欣欣向荣的宁洱。

## 二 不断更名的宁洱

宁洱这个地名，也是常常让外人迷惑不解的地方，因为有时人们把它叫作"普洱"，有时人们把它叫作"宁洱"。很多正式出版的书籍，如果你不注意它的出版时间，上面所说的"普洱"，可能不是今天的"普洱"而是"宁洱"。

为什么"普洱""宁洱"不断被人混叫？这是因为宁洱从历史到现在不断更名。下面是 1990 年《普洱哈尼族彝族自治县概况》对宁洱历史沿革的介绍：

> 早在新石器时代，宁洱就有人类生存活动的痕迹。西汉在西南夷设益州，宁洱属益州；东汉设永昌郡，普洱属永昌郡；唐南诏时于景东设银生节度，普洱属银生节度辖；宋大理国时期，普洱属蒙舍镇，名为"步日部"；元设云南行中书省，下设各路，宁洱为元江路所辖的十二部之一的"步日部"；明改云南行中书省为布政使司，"步日部"改名"普日"，后更名为"普耳"，隶属车里军民宣慰使司；清朝雍正七年（1729 年）设普洱府，府驻地位于今宁洱县城，雍正十三年增设宁洱县为普洱附廓，宁洱意为"安宁的普洱"。民国二年（1913 年），更名为普洱县。民国六年（1917 年），复称宁洱县。[①]

综合几部新中国成立以来编纂的宁洱地方志，可以看到新中国成立以来，宁洱的地名也在不断变化：

1949 年 3 月 11 日，宁洱县解放，5 月 10 日，宁洱县人民政府成立。

1950 年 11 月 24 日，改名为普洱县。

1982 年 1 月，普洱分为普洱、思茅两县。

---

① 国家民委民族问题五种丛书之一《普洱哈尼族彝族自治县概况》，云南民族出版社，1990 年，第 16～17 页。

1985 年国务院批复撤销普洱县，设立普洱哈尼族彝族自治县。

2003 年，国务院批准撤销思茅地区，设立地级思茅市，普洱县属于地级思茅市。

2007 年国务院批复思茅市更名为普洱市，普洱哈尼族彝族自治县更名为宁洱哈尼族彝族自治县。

通过以上对宁洱历史的梳理可以看到，宁洱县的历史悠久，在明清时期是滇南地区重要的行政治所。宁洱的县名作为行政名称曾经多次变化，特别是清雍正年间设普洱府之后，曾多次在"普洱""宁洱"之间更名。最近的一次更名是在 2007 年，因普洱茶在市场的知名度不断上升，当地政府把茶叶作为地方特色产业来发展，为了进一步强化"普洱"的品牌效应并提高社会知名度，思茅地区政府向国务院申请将地级市"思茅"改名为"普洱"，原"普洱"县名改为"宁洱"。

频繁的更名让当地人难以适应，也让不熟悉宁洱历史的外地人常常混淆这两个地方。本书在行文时，为了体现时代特点或满足引用文献需要，也常常会出现"普洱""宁洱"两个地名同指今天的"宁洱"的情况。为了避免混淆，本书尽量用括号文字进行说明。

## 第二节　茶马古道上的普洱府

普洱地区盐茶资源丰富，雍正年间中央政府对滇南的改土归流、普洱府的设立，使该地区的盐、茶资源得以大规模开发。盐、茶资源的开发对普洱地区的商业贸易发展产生了积极影响，盐、茶贸易发展，茶马道路应势发展，而茶马古道成为普洱府进行内外交流的桥梁。

### 一　清代普洱府的设置

光绪《普洱府志稿》载："普郡于商周为产里地，始贡方物。两汉唐宋以来，道路不通，至元明内附，设土司，亦第羁縻之而已。"[1] 因地理位

---

[1]　陈宗海等纂修《普洱府志稿》卷 9《建置志一》，刻本，光绪二十三年（1897 年），第 1 页。

置的边缘性和管辖的困难性，今普洱、西双版纳等地区历史上在很长的时间里都属于化外之地，直到清改土归流以后才变"羁縻之地"，由王朝直接管理。

雍正年间，清政府对西南边疆土司土官治理区域实施大规模改土归流，普洱府的设置是清政府对滇西南地区进行改土归流的成果。雍正七年（1729 年），清朝正式设普洱府，为清朝云南省所辖十四府之一。光绪《普洱府志稿》载："我朝改土设流，一郡三厅而又统辖车里十四土司，并威远三土司，他郎一土司，重以镇兵卫焉，自古版图之盛未有过此时者也。"[1] 文中"一郡三厅"指宁洱县、威远厅、思茅厅、他郎厅，"车里十四土司"指车里宣慰司及其所辖的其他诸土司，这一地区亦称十二版纳。事实上雍正年间改土归流时车里宣慰司所辖领土只有普藤（今西双版纳普文）、勐旺（今西双版纳景洪东北勐旺）、整董（今普洱市江城哈尼族彝族自治县西南整董）、乌得（今老挝孟乌再）、勐乌（今老挝孟乌怒）归普洱府管辖。普洱府治所设在宁洱。与此同时，清政府设同知、通判、经理司、盐大使等流官，对普洱府进行行政和经济事务管理，并在流官管辖区安防设营或设关哨汛塘把守要塞，在各地建庙学等。国家对普洱府辖区形成文以化之、武以守之的治理格局。

宁洱县是普洱府治所在地，"雍正十三年（1735 年）始置县为府治"。道光《普洱府志》载："雍正十三年（1735 年），以普藤、猛旺、整董、猛乌、乌得五土司版纳地方及竜得等角隶宁洱县。"[2] 光绪二十二年（1896 年），在中法边界勘界中，猛乌、乌得两地成为法国殖民地。

光绪《普洱府志稿》中记载了当时宁洱县的形势概要："《旧志》：鸠坡远峙，雄一夫独守之关；鸟道高森，壮九折难登之阪。卫郭郛而翔瑞凤，彩耀朝阳，排蜿蜓而起蟠龙，气腾春霭。左控把边上流，长江若环襟带；右连猛泗下里，万井并列烟村。五猛则棋布星罗，实老挝阨塞之地；五里则云联绣错，乃边鄙财赋之区，黑江三渡，结唇齿于思茅红土一坡，通咽喉于恭顺，岩哨临芭蕉箐中，斥堠相望，险隘出华竹塘外，关键独

---

①　陈宗海等纂修《普洱府志稿》卷 9《建置志一》，刻本，光绪二十三年（1897 年），第 1 页。

②　郑绍谦纂修《普洱府志》卷 3《建置·沿革》，刻本，咸丰元年（1851 年），第 3 页。

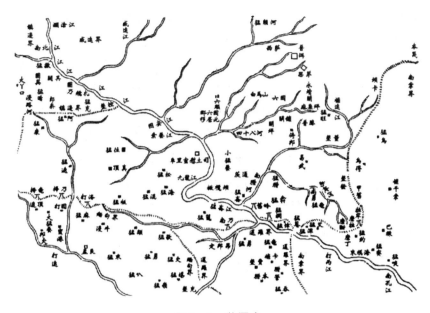

**图 1-1　普洱府**

图片来源：邓启华主编《清代普洱府志选注》，云南大学出版社，2007年，第19页。

严，威远并助，声援镇沅，兼资屏障，号巩固之雷封，洵领袖之岩邑。"①
宁洱所辖区域，除五猛之地今属西双版纳和老挝以外，其他地区基本上属
今天宁洱县辖区范围。

清政府积极的边疆治理政策很快就在这一区域取得了效果，盐业开发
兴盛，茶叶生产和贸易活跃，区域性市镇迅速成长。

## 二　两大盐矿与宁洱县盐的开采

盐是生活必需品，也是重要的经济资源。云南多地出产岩盐，产盐之
地往往也是经济社会发展水平较高之地。宁洱县有两处盐产地，距宁洱县
城北 30 公里的磨黑镇是云南重要的盐矿产地，距宁洱县南 15 公里的石膏
井也曾经产盐，兴盛一时。

早期的磨黑盐和石膏井盐，因卤水渗出而被发现，当地民户自煎自

---

① 陈宗海等纂修《普洱府志稿》卷 7《地理志四·形势》，刻本，光绪二十三年（1897
年），第 2 页。

**图 1－2 宁洱县城复原的普洱府城门**

图片来源：苏祺涵拍摄。

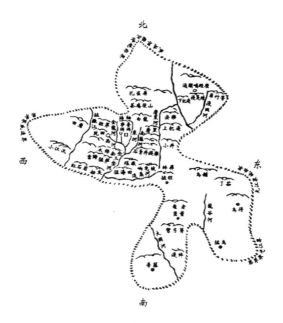

**图 1－3 宁洱县**

图片来源：邓启华主编《清代普洱府志选注》，云南大学出版社，2007 年，第 20 页。

食。雍正三年（1725 年）磨黑盐井开始生产，清政府收取盐课。石膏井盐井于乾隆五十二年（1787 年）开采。两个地区盐井不断扩大，产量不断增加。《云南通志》载：

> 磨黑井产井七区，总名二区：磨黑井、磨弄井，雍正三年（1725
> 年）新开，坐落普洱府地方，距省一千一百六十里。普洱府知府带
> 征，灶丁系夷民按额分煎，额煎盐八万八千一百九十三斤，征课银三
> 百六十三两五钱二分九厘，雍正五年题定。[1]

石膏井的盐井开发时间晚于磨黑，但是在清代开发的规模很快超过了
磨黑。道光《普洱府志》卷7《赋役·盐法》载：

> 石膏井盐井坐落宁洱县地方。在府城南三十里，距省一千六百
> 里。乾隆五十二年，因漫磨井、猛茄井卤水淡缩，额课不敷，宁洱县
> 知县何映柳批准井民自备工本，另行在石膏井开挖一名上井，一名下
> 井。五十八年，下井挖获石盐。五十九年，上井又获石盐。由县转详
> 后，旋奉封闭。六十年，普洱府知府吴大雅详请复开，归官办理。嘉
> 庆四年，云南巡抚初彭龄，盐法道敦柱酌定议准归民。年纳课四千八
> 百两，准令灶煎、灶卖，民运、民销，配引完课。五年加课，共征银
> 九千五百三两六分五厘二。十五年，递加溢课银三万三千五百六十
> 两。道光六年，署迤南道林绍龙加办溢课银四万两。共征银七万三千
> 五百六十两零。遇闰照加。二十八年，因井情疲累，署迤南道黄中位
> 详请酌减。经督宪林则徐，抚宪程矞采奏准加办溢课内酌减三成银一
> 万二千两，仍征银两万八千两。同额征正溢课银，共六万一千五百六
> 十两零。按石膏井自嘉庆四年历系普洱府知府经营，至道光六年议准
> 改归迤南道管理，每年煎盐九十五万一千斤。按石膏井原系弥补磨
> 黑、漫磨等井缺额，嘉庆四年定额四十八万斤，五年加煎四十七万一
> 千斤。[2]

---

① 鄂尔泰等纂《云南通志》卷11《课程·盐法》，刻本，乾隆元年（1736年），第24页。
② 郑绍谦纂修《普洱府志》卷7《赋役·盐法》，刻本，咸丰元年（1851年），第14页。

从这段记述中，可以看出石膏井盐井，在乾隆六十年（1795 年）交由官办之后，采盐量不断增加。到嘉庆十五年（1810 年），石膏井盐产的课税增加了七倍。至道光六年（1826 年），石膏井课税增加至近七万四千两，赋税的不断增加也可表明盐产及贸易之盛。但快速的扩大开采带来的是资源耗竭，至道光二十八年（1848 年），石膏井的盐产量已经开始下降，但课税征银依旧，井民、井商苦不堪言，最终走向井枯封采的命运。"咸丰三年（1853 年）新开'老井'一口，民国初陷落，变为产卤。民国十七年（1928 年），动工开新洞一口，次年接矿，后因淡水浸入，改采矿为吸卤。民国中期后，石膏井所产卤水含盐量逐年减少，越来越淡，至 1955 年6 月，石膏盐场奉云南省盐务管理局的指令而'裁废封停'。"①

因盐的生产而形成的磨黑和石膏井盐市与宁洱其他地方的周期性集市不同，磨黑和石膏井盐市每天往来人马甚多，十分热闹。

相关资料记载了清末民初时期的磨黑镇："是为名副其实的滇南盐都。驮运茶盐的马帮每年每月马不停歇地涌入磨黑，街头小巷比肩接踵、人山人海，大有那种'摩肩接踵，挥汗成雨，挥袖成云'的景象，好不热闹；磨黑镇内各种店铺林立，小至各种摊点、食馆，大至酒楼，满足各种群体的消费需求；如当时磨黑镇的大酒楼可承办'六品席''八大席'（六十四道佳肴），各种珍馐美味，应有尽有；还有各种服装店、马具点、糕点店，既可满足富裕人士的奢侈消费，也可满足普通大众的日常生活需求，一应俱全。"②"因产盐，磨黑商贾云集、马店林立、市场繁荣，南来北往的商客汇集于此，鼎盛时期每天有上百支马帮出入磨黑。"③ 这一切的商业繁荣景象，都是因为磨黑盐产业的发展以及磨黑是盐和茶运输的交通节点。

石膏井的情况也大致如此。《普洱哈尼族彝族自治县志》载："自乾隆五十八年（1793 年）石膏井开发后，石膏井地区形成盐市，天天集；1933

---

①　袁社主编《磨黑盐矿志》，普洱哈尼族彝族自治县委史志办，2004 年，第 42 页。
②　李崇智：《磨黑古镇之民俗与历史人文景观》，载中国人民政治协商会议宁洱哈尼族彝族自治县委员会编《宁洱文史资料》（第七辑）（内部资料），2012 年，第 270～271 页。
③　吴泓波、傅礌主编《文化普洱·宁洱》，云南人民出版社，2016 年，第 120 页。

年，因盐产业的发展，在该地设灵源镇，内有三十余家，而1956年石膏井封闭后，市场冷清，街区也迁移至他处。"① 石膏井盐产业繁荣时期，该地区的商贸发展迅速，据左安勤老人回忆："一里多的石膏井街里三层、外三层都是店铺、染铺、酒坊、茶居、戏楼等，数不胜数。店面的货物也特别丰富，有西藏的毡子、马靴和精美的手镯，缅甸的傣族裙、梳子、香粉，甚至还有从英国、法国等地流进来的香水等洋货。街上的人也是形形色色，不同口音、不同肤色。"② 根据口述史写成的《历史名镇石膏井》（上）一文记载了当时的石膏井集市："石膏井市场繁华，天天都赶街。每天早晨，太阳刚出山，四周的路上便走满了往来的马帮、牛帮和人群。马帮驮着盐巴走出去，牛帮驮着'疙瘩'走进来，人挤马拥，十分热闹。街道两旁，摆满了出售的米、菜、茶、烟、鸡、猪、牛、马和刀、斧等工具与各式各样的蔑萝家具，还有稀奇的洋布、糖果、饼干、罐头。卖肉的，卖米干、凉粉的，卖包子、馒头的，也在街边摆着摊。桥头更是生意人集中的地方。食馆里顾客拥挤，街道上肩摩背擦。偶尔还有耍猴戏的、卖狗皮膏药的来凑热闹，更使街道挤得水泄不通。"③

## 三　六大茶山与普洱茶

清代普洱府所辖之地，是云南大叶茶的主要产地。

檀萃《滇海虞衡志》载："普茶名重于天下，此滇之所以为产而资利赖者也。出普洱所属六茶山：一曰攸乐，二曰革登，三曰倚邦，四曰莽枝，五曰蛮砖，六曰慢撒。周八百里，入山作茶者数十万人，茶客收买运于各处。"④

又据《普洱府志稿》引《思茅厅采访》载："茶有六山：倚邦、架

---

① 云南省普洱哈尼族彝族自治县地方志编纂委员会编《普洱哈尼族彝族自治县志》，生活·读书·新知三联书店，1993年，第319页。

② 徐培春整理《石膏井大舞台》，载中国人民政治协商会议宁洱哈尼族彝族自治县委员会编《宁洱文史资料》（第七辑）（内部资料），2012年，第254页。

③ 左仁安：《历史名镇石膏井》（上），载政协普洱市委员会文史委员会、政协宁洱哈尼族彝族自治县委员会编《普洱文史资料》（第十五辑）（内部资料），第412页。

④ 檀萃辑《滇海虞衡志校注》，宋文熙、李东平校注，云南人民出版社，1990年，第269页。

布、嶍崆、蛮砖、革登、易武。气味随土性而异，生于赤土或土中杂石者最佳，消食、散寒、解毒。二月间开采，蕊极细而白，谓之毛尖，采而蒸之，揉为茶饼。其叶少放而犹嫩者，名芽茶。采于三、四月者，名小满茶。采于六、七月者，名谷花茶。大而圆者，名紧团茶。小而圆者，名女儿茶。其入商贩之手而外细内粗者，名改造茶。将揉时预择其内之劲黄而不卷者，名金月天。其固结而不解者，名疙瘩茶，味极厚难得。种茶之家芟锄备至，旁生草木则味劣难售，或以他物同器，即染其气，而不堪饮矣。树似紫薇无皮，曲拳而高，叶尖而长，花白色，结实圆匀如栟榈子，蒂似丁香，根如胡桃，土人以茶果种之，数年新株长成，叶极茂密。老树则叶稀多瘤，如云物状，大者制为瓶，甚古雅，细者如栲栳，可为杖，甚坚。"①

从以上记载可以看到，普洱府所辖的六大茶山是云南主要产茶区，每年有大量的茶向外运销，这些茶因为是从普洱府地向外运销的，所以当时通称为"普洱茶"。因为长途运输的需要，外运的普洱茶多被制成饼茶、沱茶等紧压茶形式，在长途运输过程中，因气候湿热等原因呈现自然发酵的特殊风味。如今普洱茶已成为以云南大叶种晒青茶为原料，采用特定工艺，经发酵加工形成的散茶和紧压茶的特定名称。

清雍正七年置普洱府后，清廷令普洱府上贡的方物即普洱茶。普洱茶被选为上贡方物，体现了历史上普洱茶的品质和地位。而成为贡品的普洱茶身价大增，成为今天市场上的宠儿。图1-4是清朝普洱府上贡的金瓜茶的雕塑。据说如今在故宫还保存有当时上贡的若干普洱茶，宁洱县政府为了弘扬茶文化，于2010年4月6日从故宫迎回部分金瓜茶、七子饼茶等文物，特制作贡茶金瓜茶雕塑以作纪念。

## 四　茶盐运输与茶马古道

茶和盐的主要销售市场都在外区域，它们是典型的外销产品。茶、盐的外运以及国内外其他商品的转运和内运形成了一个交通网络系统，促进

---

① 陈宗海等纂修《普洱府志稿》卷19《食货志六·物产》，刻本，光绪二十三年（1897年），第2~4页。

**图 1-4　清朝普洱府上贡之物金瓜茶雕塑**

图片来源：苏祺涵拍摄。

了普洱与中国内地、西藏、四川、甘肃、青海等地以及东南亚国家之间的经济文化交流。

　　盐是国家禁榷产品，盐的生产规模和行销地区都受到国家政策的严格控制，清前中期磨黑盐区（含石膏井盐）的盐主要行销于普洱府各州县；清末时，该地区的盐除销往普洱府境内，还销往建水县、石屏州、蒙自县、个旧厅、景东直隶厅、顺宁县、云州、云江直隶州、新平县、宁洱县、思茅厅、威远厅、他郎厅、镇沅直隶厅、镇边直隶厅等州县。① 民国时期，磨黑、石膏井盐主要行销于开远、蒙自、个旧、建水、石屏、曲溪、通海、龙武、华宁、河西、新平、元江、盘江、江城、镇越、宁洱、

----

① 牛鸿斌、李春龙等校《新纂云南通志》（7）卷 149《盐务考三》，云南人民出版社，2007年，第 216 页。

思茅、六顺、车里、佛海、景东、峨山、镇沅、景谷、临江、南峤、昌宁、顺宁、云县、缅宁、双江、镇康等县。[①]

清代普洱府管辖范围广，滇西南产茶之处几乎都在普洱府辖控范围内，故有以地名命名的普洱茶。传统时期普洱茶的主要销售地是西藏、青海等地，从滇西北进入这一地区；普洱茶也作为贡品和名贵茶品流向中原地区。近代以来随着云南早期全球化进程的开启，普洱茶通过东南亚地区流向海外，甚至通过南亚通道转销西藏。因普洱茶以普洱府命名，宁洱县借此历史机缘，提出了"宁洱是茶马古道的起点"的说法。为了弘扬茶文化，宁洱县修建了一个主题广场——"茶源广场"，广场上立了一块"茶马古道源头地理标识"的石碑（见图1-5），石碑上以宁洱为中心，绘制了运茶通道。宁洱本土学者在研究茶马古道时，也多以宁洱为中心来描述运茶通道。茶马古道以宁洱为起点显然具有地方主义色彩，这种地方主义色彩并非宁洱所独有，在云南不少地区，如西双版纳、丽江等地，笔者看到过诸多绘在墙壁上、印在旅游手册上的茶马古道地图，其绘制的道路都有以本地为中心通向外地的特色，意指本地对于茶马古道的重要性。

以宁洱为中心，梳理普洱茶的运输贸易道路，主要有五条。

第一条道路是茶马大道。

这条道路即木霁弘等学者命名的茶马古道两条道路之一。茶马古道是指存在于中国西南地区、以茶叶运输为主、以马帮为运输主体的民间商贸通道。茶马古道的最初命名者木霁弘和其合作者陈保亚等在《川滇藏"大三角"文化探秘》中指出："在横断山脉的高山峡谷，川、滇、藏'大三角'地带的丛林莽草之中，延绵盘旋着一条神秘古道……这，就是世界上地势最高的文明文化传播古道之一——茶马古道。它是中国对外交流的第五条通道，同海上之道、南方丝绸之路、唐蕃'麝香丝绸之路'有着同样的历史交织和地位。其路线基本有两条：一条从云南的普洱出发经大理、丽江、中甸、察隅、拉萨、日喀则、江孜、亚东、柏林山口分别

---

① 云南省志编纂委员会办公室编《续云南通志长编》（中册）卷57《盐务二·运销》（内部资料），1986年，第1149页。

**图 1-5　宁洱县茶源广场上的"茶马古道源头地理标识"石碑**

图片来源：苏祺涵拍摄。

到缅甸、尼泊尔、印度；一条从四川的雅安出发，经康定、昌都到尼泊尔、印度。"①

这条以普洱为起点，经大理、丽江通往西藏等地区的茶马古道，是普洱茶主要的外运之路和贸易之路。马帮时代，普洱人将其称为"北道"或"后道"。自唐朝中原饮茶之风传入西部少数民族地区，吐蕃、西戎等西部少数民族就以茶为重，"茶之为物，西戎土蕃古今皆仰给之。以其腥肉之食，非茶不消，青稞之热，非茶不解，故不能不仰于此"②。所需之茶，主要通过木霁弘等所说的两条茶马古道运输入藏，其中从云南运往西藏等地之茶，主要来自普洱。《滇海虞衡志校注》载："普茶不知显于何时……普

---

① 木霁弘、陈保亚等：《川滇藏"大三角"文化探秘》，云南大学出版社，1992年，第11页。
② 张萱：《西园闻见录》卷66《兵部十五》，香港：文海出版社，1987年（民国排印本），第4910页。

洱古属银生府，则西蕃之用普茶已自唐时。"① 这表明唐代时普洱茶就已运销吐蕃。至明清时期，普洱茶产销日盛，大量茶叶从车里（今西双版纳）、佛海（今勐海）等各处茶山运至宁洱、思茅等市镇进行集中贸易，然后通过马帮北上，经景东到大理再次集散交易，再从大理向北经丽江、香格里拉转运至各地区。

第二条道路是官马大道北段。

茶叶运输的另一条重要道路被称为官马大道，过去普洱人将其称为"官道"、"东道"或"前道"。这条道路在明清时期已经建设成为从云南行政中心昆明通往迤西地区的主要官方交通道路，有较为完备的驿站、道路等交通设施，并在沿途设置若干"营""哨""汛""塘"，以保障交通畅通。其道路走向为：由普洱（今宁洱）北上，经磨黑—通关—墨江—元江—青龙场—扬武—峨山—玉溪—呈贡—昆明，行程 20 天，约 500 公里。明朝后期，普洱茶成为云南省向朝廷进贡土物的组成部分，这条道路因此成为普洱茶北上首都之路，同时也是普洱茶流向中原各地的主要道路。

第三条道路是官马大道南段跨境通道。

官马大道向南延伸，至西双版纳打洛出境，是云南滇西南地区主要通道。道路具体走向为：由普洱（今宁洱）南下，经思茅（今普洱）—普藤坝（今普文）—官坪—勐养—车里（今西双版纳）—佛海（今勐海）—打洛，行程 8 天，230 公里，共 7 个马站。昆洛公路南段与这条茶马道相接。缅甸公路从打洛出境后，沿缅甸景栋、大其里向南，可达泰国清莱、曼谷等地。从景栋向西，可经仰光至印度加尔各答等地。

第四条道路是普洱至澜沧旱季茶马道。

这是一条跨境通道。从普洱（今宁洱）运茶、盐、土布等，到思茅（今普洱）—澜沧江糯扎渡—澜沧—孟连—缅甸。雨季，澜沧江涨水，道路泥泞，马道不通，这条道路通常只在旱季投入使用，因此被称为旱季茶马道。

在民国时期，由于缅甸、印度的新式交通运输发展较快，官马大道南

---

① 檀萃辑《滇海虞衡志校注》，宋文熙、李东平校注，云南人民出版社，1990 年，第 269 页。

段跨境通道和普洱至澜沧旱季茶马道一度成为普洱茶运往西藏等地区的新通道。据《续云南通志长编》（下册）载："凡佛海、五福、车里等地所产（茶），自阿墩子一途阻塞后，初由澜沧之孟连土司地出缅甸，西北至缅属北掸部中心之锡箔上火车，西南经瓦城、沙什而达仰光，换船至印度之加尔各答，由火车至西哩古里，换牛车或汽车至加邻旁，又改用骡马入藏，嗣以缅甸公路通至公信（亦作贵兴），遂舍西北一线，改由佛海驮运出打洛（属佛海）至缅甸之景栋（孟艮），换汽车至公信达瑞仰，换火车至沙什达仰光，转加尔各答入藏。"① 同样，这条新通道也成为西方洋纱、洋锭等工业品输入云南的重要通道。

第五条道路是普洱经江城至越南莱州的跨境通道。

今宁洱县江城，即旧时之勐烈，与越南、老挝接壤，有陆路通道和水路通道（李仙江）抵达越南莱州勐莱。因此这条道路一度成为普洱茶运往越南、转销香港和欧洲等地的跨境通道。清光绪二十二年（1896 年），曾在这里设思茅海关勐烈分关。1936 年，法国殖民当局禁止中国茶叶在勐莱销售，此条通道逐渐衰落。

宁洱县境内，现存三处较完整的茶马古道遗址：位于宁洱镇民主村茶庵塘的茶马古道遗址、位于磨黑镇孔雀屏的茶马古道遗址、位于同心镇那柯里的茶马古道遗址。

## 五　思普地区交通市镇和驿站的发展

茶、盐的生产外销以及利用跨境通道便利而形成的进出口贸易大大促进了滇西南地区的交通市镇和驿站的发展。清乾隆年间，通商大道沿线的集镇、站口、关卡已有人马店、鸡毛小店、客栈、旅店等。清末民初，墨江县玖联镇形成了一条马店街，思茅有马店、客栈近 20 家，日可容纳各路马帮牲畜三四千匹、客商数百人。民国时期，墨江县有旅店业同业公会，宁洱县有马店业同业公会，景东、镇沅、景谷、江城、澜沧等地均有马

---

① 云南省志编纂委员会办公室编《续云南通志长编》（下册）卷 75（内部资料），1986 年，第 608~609 页。

店、客栈、鸡毛小店。①《云南边地问题研究》（上卷）记载："普思边沿的产茶区域，常见康藏及中甸阿墩子的商人，往来如梭，每年贸易总额不下数百万之巨。"②

清光绪二十一年（1895年），法国强迫清政府签订《中法商务专条》，将思茅设定为通商口岸。③光绪二十三年（1897年），又在思茅设立海关。④思茅海关设立后，茶叶出口量不断增加，"宣统二年（1910年），经思茅关出口的红茶655担，金额7553两关平银，占云南全省茶叶出口总额26.2%……"，"到了民国二十八年（1939年）经思茅海关出口的茶叶就达到15435担，价值金额32.92万元国币，占当年全省茶叶出口总值的96.19%"。⑤

当时的普洱（今宁洱）、思茅，各地商人云集，有的还在此专设会馆，坐地经商，如"江西会馆""湖南会馆""四川会馆"等。文物部门曾在普洱粮食局发现一块刻有《重修万寿宫碑记》的石碑，记载了清乾隆二年（1737年）至十五年（1750年）重修万寿宫的经过。⑥万寿宫其实是江西会馆的组成部分，说明早在清乾隆之前，普洱就吸引了大批的江西客商来此经营。"普洱府有两家最大的马店就是江西的尹氏和李氏商人开的，可以接待两百匹以上的大型马帮队伍。""江西人走茶马古道赶马做生意的较少，大部分江西商人守着自己的商行，向南来北往的商人发货，或借助马帮发出货物，运往西双版纳及临近的缅甸、尼泊尔等国家。"⑦

这些文献记载表明，清末至民国时期磨黑盐、石膏井盐、普洱茶、从东南亚和南亚地区进入云南的洋货等商品的流通十分活跃，墨江—普洱（今宁洱）—思茅（今普洱）一线马帮运输十分繁忙，马帮运输带动了驿站经济的发展。

---

① 思茅地区地方志编纂委员会编《思茅地区志》，云南民族出版社，1996年，第593页。
② 云南省立昆华民众教育馆：《云南边地问题研究》（上卷），云南省立昆华民众教育馆，1933年，第52页。
③ 秦光玉编纂《续云南备征志》（中）卷22《光绪条约·法国部下·中法商务专条附章》，李春龙点校，云南人民出版社，2017年，第1701页。
④ 思茅地区地方志编纂委员会编《思茅地区志》，云南民族出版社，1996年，第756页。
⑤ 黄桂枢：《普洱茶文化大观》，云南民族出版社，2005年，第94、96页。
⑥ 穆星、李波主编《文化：普洱思茅》，云南人民出版社，2017年，第36~47页。
⑦ 穆星、李波主编《文化：普洱思茅》，云南人民出版社，2017年，第36~47页。

## 第三节 马帮驿站那柯里的兴起与繁荣

那柯里村是思茅（今普洱）—普洱（今宁洱）之间的一个村庄，凭借其地理优势和区位条件成为马帮时代南来北往的人们的一个歇脚处。那柯里也因为驿站经济而成为当地发展较好的一个村落。

### 一 那柯里村基本情况

那柯里村是宁洱县同心镇下辖的一个行政村。同心镇位于宁洱县城南部，下辖同心、那柯里、漫海、锅底塘、石膏井、那勐勐、大凹子、马鞍山、富强、会连 10 个村民委员会，89 个自然村，138 个村民小组。[①] 那柯里村地处宁洱县同心镇西南部，共有 15 个村民小组，分别是：那柯里组，烂泥坝组，大平掌组，老卫寨组，壮山田组，扎别寨组，打磨寨组，纸厂组，抛竹林组，扎六寨组，老普山组，老王寨组，团山组，中良子组，大山组。村委所在地位于那柯里组，距普洱市 25 公里，距宁洱县城 20 公里，距同心镇政府 5 公里。那柯里村人口及交通情况见表 1-1。

表 1-1 那柯里村人口和交通情况统计（2013 年）

| 村民小组 | 户数（户） | 人口数（人） | 距新昆洛公路（公里） | 距村委会（公里） |
|---|---|---|---|---|
| 那柯里组 | 68 | 268 | 0 | 0 |
| 烂泥坝组 | 46 | 174 | 0 | 2 |
| 大平掌组 | 23 | 97 | 4 | 5.5 |
| 老卫寨组 | 24 | 99 | 4.5 | 5 |
| 壮山田组 | 18 | 84 | 5.2 | 5.7 |
| 扎别寨组 | 36 | 164 | 5 | 6 |
| 打磨寨组 | 24 | 109 | 6 | 7 |
| 纸厂组 | 20 | 89 | 7 | 13 |

---

① 宁洱哈尼族彝族自治县地方志编纂委员会编纂《宁洱哈尼族彝族自治县志》，云南人民出版社，2012 年，第 53 页。

续表

| 村民小组 | 户数（户） | 人口数（人） | 距新昆洛公路（公里） | 距村委会（公里） |
|---|---|---|---|---|
| 抛竹林组 | 15 | 61 | 9 | 10 |
| 扎六寨组 | 16 | 75 | 7 | 16 |
| 老普山组 | 31 | 127 | 4 | 5 |
| 老王寨组 | 17 | 62 | 5.3 | 6.3 |
| 团山组 | 18 | 86 | 7 | 8 |
| 中良子组 | 23 | 97 | 6 | 7 |
| 大山组 | 19 | 89 | 5 | 6 |

资料来源：那柯里村委会提供。

注：老昆洛线 213 国道那柯里村辖区段长 13 公里，新昆洛线那柯里段长 6 公里，磨思高速那柯里段长 4 公里。

本书的研究对象主要是那柯里自然村，为了研究更加深入，所研究的范围也涉及那柯里行政村所包含的部分自然村。以下那柯里若无特殊说明，均指那柯里自然村。

那柯里村四面环山，两条小河盘旋交汇于此，土地面积 4.70 平方公里，地处海拔 1550—1680 米，年平均气温 18.2 摄氏度，年降雨量 1600 毫米左右，年有效积温 4500—7500 摄氏度，是典型的田少地多、雨热同季、光照条件好的西南山区，适宜种植粮食、茶叶等农作物。那柯里拥有总耕地 221 亩。人均耕地 1.5 亩，人均林地 2000 亩。2013 年那柯里村民小组有农户 68 户，人口 268 人，劳动力 192 人，其中少数民族 126 人，以彝族为主，杂居傣族、哈尼族等少数民族。[①]

## 二　那柯里村的兴起

那柯里村的兴起大约在清代中期，它是一个因路而兴的村寨。马帮时代，从普洱（今宁洱）运盐到思茅（今普洱），或从思茅运茶到普洱，50多公里的马帮道路需两天行程。那柯里一带，正好处于"思茅—普洱"的中间位置，北上南下的马帮往往在这一带择地而宿。于是，在马帮驿道沿

---

① 该数据于 2014 年由那柯里村民委员会提供。

线，出现了星星点点的定居点，多是从外地迁移而来的。随着迁移的人口陆续增多，形成了村寨聚落，如烂泥坝、那柯里、中良子等，都是在马帮驿道沿线陆续兴起的村寨。

在这些星罗棋布的小村落中，那柯里有相对优越的区位条件：一条清澈的溪流从村寨穿过，有取水和洗马之便，周边山坡上有草地和低矮灌木，适宜放马休整和野外露营。村寨坐落于山脚低地，从那柯里开始向南的道路需爬坡而行，且山势渐陡，人马颇费力气。通常南下思茅的马帮和挑夫，会选择在那柯里停歇一宿，第二天上午吃顿晌午饭（九点十点左右）后，再一鼓作气开始爬坡赶路。

凭借这些区位优势，那柯里逐渐成为这一带小有名气的马帮驿站。最早迁徙到这里的三户人家，都以经营马帮驿站为生，有两家是开"人店"（只提供赶马人的食宿，不负责照料马匹）、有一家经营"马店"（既负责照顾马匹也提供赶马人食宿）。之后陆续搬来的村民，有的开烤酒作坊，有的种植粮食和蔬菜，他们生产的粮食、酒等大部分卖给开店的人家和往来的客商。

### 三　村寨名称的来源及"马哭里"传说

"那柯里"为傣语发音，"那"为田，"柯"为桥，"里"为好，"那柯里"的意思就是"桥边的好田地"。按字面意思，这个村寨应该是小桥流水、沃土肥田、岁实年丰之地，是个理想的农耕村落。

村民却对村寨名字的由来给出了不同的解释。据说，这里原名叫"马哭里"。因为这里有一条溪河，马帮经过此地都要涉水而过，冬天溪水冰冷刺骨，夏天水势湍急、十分危险，再加上马儿负重疲惫不堪，来到这里的马儿一看到河水，就会淌出眼泪，因此这里得名"马哭里"。后来，马锅头多次上书官府，官府便遂了马锅头的心愿，在此修建了一座木桥，从此结束了马帮蹚水而过的历史，马儿不再哭泣。加上这里马帮往来不断，人店马店生意兴隆，人欢马叫，"马哭里"改名为"那柯里"。

从溪流的水流量和当地亚热带气候特点推断，这个故事显然是杜撰的，但真切反映了那柯里村民对村寨因路而生的认同。

### 四　那柯里的马帮驿站

清代末期，迤西地区的马帮运输逐渐趋于繁盛，特别是思茅开埠通商以后，滇南地区跨境贸易进入一个新的发展时期。官马大道上，到处山间铃响马帮来，沿途大大小小的驿站、鸡毛小店生意兴隆。北上的马帮，驮着的是车里、佛海的茶叶，以及从泰国、缅甸运入的洋锭、棉纱。南下的马帮，驮着的多是磨黑或石膏井的盐巴。在这条马帮路上，还能看到牛车夫和人力挑夫，他们是短途运输者，或受雇于商家运送货物。那柯里是这些往来的马帮、挑夫们停歇住宿的一个小驿站。最早村落形成之时只有五户人家，其中三户开店，两户务农。

荣发马店是当时那柯里最大的一家马帮驿站。

> 荣发马店始建于元末明初，历经三次易主。清代光绪年间，被现店主李天林的祖辈李登荣买断经营。后扩建为两个四合院，全部为土木结构中式建筑。正房为三隔两层楼房，前右厢房为三隔平房，前面一间为三隔的二层门楼，后两间为有外走廊的马锅头客房。另一个四合院是可喂饲两百匹马的马圈。两个四合院中间被一堵墙隔断。①

那柯里的马店是当时村寨里唯一的瓦房，两个四合院的院落显出李家的经济实力。据荣发马店如今的主人李天林回忆，那时候开马店需要容纳至少80匹马，县太爷才允许挂牌经营马店。以前那柯里村是有三家马店的，那两家规模都比较小，只能容纳20匹马，所以后来都经营不下去了。那时，一个赶马人最多赶6匹马，一匹马大约负有40公斤的货物。十几个或几十个赶马人组成一个马帮队。马队的领头人被称为马锅头，负责总领马队，而马队不仅负责运送茶叶，还负责运送一些贵重物品，比如工艺品等。赶马人来自不同地方，有从西藏来的，也有从玉溪、景谷等地来的。一般而言，南下的马帮，中午从普洱出发，会到那柯里住一晚，然后第二

---

① 访谈人为云南大学硕士研究生杨玉秀；访谈时间：2015年8月2日；访谈地点：那柯里村。

天再前往思茅。北上的马帮,他们会早上从思茅出发,中午到那柯里休息、吃饭,下午赶至普洱。李天林说,在那柯里村,马店除了会为这些赶马人提供食宿,还会给马匹提供饲料。

那柯里的高家是开人店的,人店主要供过往的挑夫和往来的行人投宿休息。那时候,在那柯里村除了马店是瓦房,其他的房子都是茅草房。现已90岁高龄的高家奶奶,自从嫁到高家便开始在人店里帮忙。因投宿者都是傍晚才到,她白天去插秧、种地,快到傍晚的时候才开始准备招呼投宿的客人。投宿的客人一般是挑夫,他们都是穷苦的劳力者,没有太好的经济条件讲求吃饱住好。高家的人店可容纳8至10人,为投宿者提供食宿,吃、住的标准基本也和高家人平时的生活标准差不多,主人在房间里铺一个大通铺给投宿者住,费用上通常住店是三毫大洋(半开),吃饭是一二毫大洋(半开)。吃的基本是青菜和白饭,钱给得多一点的客户也能有一只鸡吃。不过因在这里住的多是苦力,一般吃不起肉类食物。他们基本上傍晚来清晨走。这些人有的从思茅背茶叶上来,然后背到磨黑去,换盐巴;有的从磨黑背盐巴来,换其他东西。

高家奶奶回忆说,那时候,主要是马帮的人赶马过来。有时有30匹马,有时有五六十匹马,领头的马锅头一般带着枪、驮着钱。马锅头一般都比较有钱,可以住马店,多要求店家给煮肉、杀鸡等,也要喝酒。因此,村里开马店兼酿酒的赵家生意很好。高家奶奶记得往来的马帮,有些人头上包着头巾,而那柯里的人头上不会包头巾,因此他们看上去显得有些不一样。马店给他们和马匹提供歇息的地方,主要给马匹提供些粮草,比如由黄豆、谷子做成的饲料。有些马帮不住店,他们自己在村寨旁边的开阔草地上露营,自己做饭吃,需要粮食、酒、草料,会来村子里买。赶马人在歇息过一晚后,清晨就离开那柯里前往下一站。

赵家是那柯里开店的人家之一,他们开始开的是马店。赵家的马店相对荣发马店规模较小,最多只能容纳40匹马,但也算是这一带规模较大的马店了。荣发马店和赵家马店都要请帮工打理。

赵大爷:"我们家那个时候请了两三个帮工吧,主要是负责做饭和打扫卫生，招呼一下客人。"

访谈者："村子里就五户人家，三家都开店，一家请几个帮工，那就是村里的人基本就为马帮服务了？"

赵大爷："对啊，基本都是搞服务了。"

访谈者："那你们还种地吗？"

赵大爷："当然种地啊，不然马帮的人来了吃什么？还养鸡养猪，都是给他们吃的。"

访谈者："那帮工他们还有时间种地吗？"

赵大爷："他们也要种地养鸡，自己家里人吃啊。"

访谈者："除了开店，你们家还做别的吗？"

赵大爷："我们家还做酒，我爸爸做的酒可出名了，附近好多人找他买酒，有些人没钱喝酒，就拿土地来抵押。"①

从曾经开马店的李天林和高家奶奶的回忆中可以看到，当时的那柯里其实无论是可容纳 80 匹马的荣发马店还是可容待 40 匹马的赵家马店，都只能满足中等规模马帮的住宿需求，若遇上大队人马的马帮，那柯里是无接待能力的。但是那柯里有水有草，村寨周边有较为开阔的山坡，对马帮队伍而言也是颇有吸引力的安营地。英国人戴维斯在游记中这样记载："思茅城里有许多藏族客商，我同三四百匹马帮同行，马帮走过高坡后，来到那柯里住宿，马帮并不住店，而是像刺猬一样团起住宿，外围有凶猛的狗看守。"②

由此可见，那柯里相对于当时普洱（今宁洱）—思茅（今普洱）沿线的其他小驿站，还是较受欢迎的。

## 五  那柯里塘

清政府在官道沿线和重要之地设置关哨汛塘，其目的是维护道路通畅和保卫地方安全。雍正年间，清政府在普洱府设宁洱县普洱镇中营，设多

---

① 访谈人为云南大学博士研究生武婷婷；访谈时间：2017 年 7 月 20 日；访谈地点：那柯里村。
② 转引自周庆明《我了解的思普段茶马古道马店》，载中国人民政治协商会议宁洱哈尼族彝族自治县委员会编《宁洱文史资料》（第七辑）（内部资料），2012 年，第 306 页。

个关哨汛塘，派兵把控值守。其中包括那柯里塘，设兵 6 名驻守。

那柯里之所以设塘，主要是为了保障经过那柯里的那条官马大道的交通通畅。据说，当时在威远、普洱、车里一带，时常有土匪活动，他们驰马而来，抢人劫财，一旦得手便呼啸而去，官府追剿多次，也难以根除匪患。那柯里往南，是连绵几座大山，山高林深，土匪常在这一带抢劫杀掠往来客商。因那柯里设塘驻兵，对土匪起到震慑作用，这一带往来客商的安全有了一定保障。特别是在那柯里住宿的马帮队伍，一般都要主动和驻扎塘哨的士兵结识交往。这样，一旦听到枪声，驻扎士兵就能及时赶来营救。这也是那柯里的马帮驿站较周边小驿站和鸡毛店更能吸引马帮入住的原因。

那柯里，它与散落在马帮驿道上的大大小小的驿站一样，成为赶马人心目中温暖而安稳的歇脚之地。既是路边村寨、靠近溪流，又有相对开阔的草坪可安营扎寨和放马休整，往前还有需要攒足精力、一鼓作气翻越的大山，这一切有利的地理条件，使那柯里具有了吸引力。官府设那柯里塘，派兵驻扎防守，有力地保障了沿途道路的安全。

## 六　那柯里的茶马古道

因路而生的那柯里，依靠的是那条举世闻名的茶马古道。当时从普洱（今宁洱）到思茅（今普洱）的古道，是用一块一块大大小小的青石板砌成的，道路只有三尺宽，仅够一匹驮着货物的马行走。所以马帮行路都是单行向前，不能并排前行。因马帮长年累月行走，这些青石板上被马蹄磨出了一个个凹痕，这些凹痕默默记录着赶路的马和赶马人的艰辛。如今，不再有马帮行走的道路上布满了青苔。

来到那柯里进行调研的同学们对这条道路充满了兴趣，他们尝试着去寻找这条道路，去追寻逝去的历史。杜国川同学的田野日记记录了他探寻古道的体会：

来那柯里村可以说给我留下深刻印象，这里是我在云南的第一个田野点，我认识了很多同学和当地朋友。当我和杨老板谈起很遗憾没走一走真正的老的茶马古道时，杨老板很热情地邀请我们小组去他岳父家后面的茶马古道走一下，他一再说这边是真正的茶马古道。

今天下午午休后我就早早跑去街边摊等待，杨老板忙完生意已经6点了，天气还不错。杨老板带着我、杨雅楠和王珂以及老板的两个孩子一起启程，目的地是大约4公里外的坡脚村，那里是杨老板岳父家所在的地方。一进村子给人耳目一新的感觉，村容村貌让我想起了家乡的农村，虽不如那柯里旅游地的繁华，但房子整齐、规划统一，不知道为什么昨天去的石膏井村与此处会有如此大的差距。

再往里走看到一个石碑，下面水泥坐台还没有干透，上面写着"全国重点文物保护单位云南茶马古道斑鸠坡路段遗址"，再往前是一座小桥，小桥下是三面水泥和石头搭建的水渠，过了桥首先可以看到一个小庙，上面刻着"路神"两个字，供奉着财神爷和观音，可以看出小庙如今仍有香火。往右走就是进入茶马古道的道路，立着一块通告牌，立牌日期是2003年12月16日，通告内容主要是保护茶马古道。

我们一行便踏上了茶马古道。初始的石板路感觉与那柯里村的没有区别，都是那种方块的石板，或者石头，有着明显的修缮痕迹。我比较失望，在想这边道路不会一直是这种状态吧。杨老板便和我解释，这前面的路都是修复过的，再往前走，里面有古路，上面还有马蹄印。随后我们大概走了1公里，到了一个向上的拐角，拐角的地方被水冲坏了，拐弯一上去让我眼前一亮。古路由一块块石头组成，并不是规则的石板，而且以平路为主，并不是高低不平的，而是基本保持在一条水平线上，路两旁的树枝和草已经被清理，可以看出古路一直有人在维护。杨老板叫我们继续向上走，一般上坡的路上会看到马蹄印。我们一直向上走，有一个地方旁边就是大片茶园，夕阳余晖映射下，旁边就是茶马古道，给人一种时空交错的感觉，仿佛看到马帮一步步行走在路上。

我们再向上行走，杨老板给我指着上坡的路，有的石头有着明显的凹痕，那就是马蹄印，因为在上坡路段或者下坡路段，马的脚掌会打滑，脚下的铁掌与石板摩擦，长年累月便会在石板上形成长条形或椭圆形的印记，俗称马蹄印，并不是我们一开始所想象的与马蹄相吻合的印痕。按照这个思路，上坡路上的确可以发现一排排凹痕。这就是古老的茶马古道，以及马蹄印，辗转在山中、森林中，古路就如铺在上面的石头一样沉稳，散发着浓厚的历史底蕴。①

历史是可以触摸的，可以通过历史文献去触摸它，可以通过寻找遗留下来的文物古迹去触摸它，可以通过访谈当事人后代的方式从历史记忆中去触摸它。本书的研究主要通过这三种方式试图去触摸那柯里的历史，使过去的那柯里鲜活地呈现在今天人们的眼前。

## 小　结

马帮时代那柯里村的发展是滇西南地区传统交通发展的时代缩影。中央政府在普洱置府建制，揭示滇南地区正式进入王朝国家的直接管辖治理范围，直接推动了普洱重要经济物产茶、盐的生产和贸易，边疆市场与国内市场的联结得到了加强。19 世纪末思茅开埠通关，滇南被动卷入早期全球化的过程，客观上起到了促进滇南对外开放的作用，云南与东南亚、南亚的国际贸易得到了明显加强。这一切，无不影响着马帮道路沿线大大小小驿站和交通节点的发展。

那柯里就是其中一个侧影。那柯里村民接待过的住客，有来自滇西北的藏客，他们把普洱茶运到西藏等地区；有来自通海的马帮，他们冒险"走夷方"，驮着磨黑盐一路向南，走到缅甸、老挝、泰国、印度等地，回程时驮满洋纱、洋靛，还有鹿茸、象牙、穿山甲等当地土产，到昆明、玉溪卖个好价钱；有来自本地的挑夫，他们把石膏井用铁锅熬制的大块井盐，运到思茅的各商行，换点辛苦费，这些盐再通过人挑马驮的接力，运向江外边夷之地，那里食盐贵如油。那柯里，只是一个小小的马帮驿站，

---

① 云南大学第九届民族学/人类学田野调查暑期学校学员、延边大学博士研究生杜国川田野日记，2017 年 7 月 29 日。

经过村寨的道路，联通着首都北京、西部地区的拉萨和青海、东南亚神秘金三角，这使它成为与世界连接的一个小小的节点。中国的发展历程和世界经济与政治等历史性事件，在那柯里留下一些或大或小的痕印，直接和间接地影响着那柯里村民的社会生活。

# 第二章　国道建设与边疆村落的变迁

国道，顾名思义，是国家的道路，具体而言，是指具有全国性政治、经济意义的国家干线公路。中国的国道，根据地理走向分为三类。国道以1、2、3开头，以1开头的是首都放射线（112国道除外），以2开头的为南北走向线，以3开头的是东西走向线。为区分这3类国道，公路干线常采用以1、2、3开头的三位数字作编号来表示。

国道，具有较强的经济、政治、文化或国防等重要服务职能。中华人民共和国成立以来，中国大地开始了交通事业发展的新篇章，以打通边疆少数民族地区国防道路为主的国道建设被纳入正式日程。20世纪50年代初期启动的昆洛（昆明—打洛）公路就是其中之一。

昆洛公路是213国道的组成部分，是中国境内重要的南北通道。1954年昆洛公路正式通车，它标志着西南边疆地区迈入了现代公路交通的新时代。昆洛公路的开通，结束了滇南地区马帮交通时代，也为那柯里马帮驿站画上了句号。与此同时，那柯里村民开始进入土地改革和建设社会主义新中国的时代，土地改革和人民公社制度给那柯里村民留下了难以忘怀的历史记忆，国家制度的巨大变革深刻影响着村民的社会生活。正如昆洛公路作为国家的道路向边疆地区延伸一样，新中国成立以来的社会主义制度也快速地在西南边疆地区建立起来，深刻地影响着边疆各族人民的社会生活。

## 第一节　昆洛公路建设与国家边疆巩固

道路对政权巩固的重要性，早在秦始皇兴修"驰道"为秦王朝中央集权统治制度建立提供必要的制度保障之时就已彰显。中华人民共和国成立以后，为了稳定和巩固新的国家政权，道路建设成为当务之急。当时中央领导深刻认识到交通基础设施较为薄弱的西部边疆少数民族地区，面临着比内地更加复杂的国际国内局势，要有效控制边疆动荡局势，维护国家统一和民族团结，必须建立以现代交通为核心的基础设施保障体系。

正是在这样的历史条件和社会需求下，党中央在 1950 年下令启动青藏公路、川藏公路等国家重点交通工程建设项目。1954 年青藏公路、川藏公路正式通车。青藏公路和川藏公路的通车，有力保障了西藏和平解放，保障了西藏、青海地区的民主改革和社会主义建设。昆洛公路的建设正是在这样的背景下启动的。昆洛公路是新中国成立以后云南修建的第一条国防道路，1950 年开始建设，1954 年实现通车。昆洛公路的通车，对维护西南边疆安全和促进各民族团结具有重大意义，同时对促进中国与东南亚国家友好往来具有重大意义。

## 一 昆洛公路修建的历史背景

1949 年 10 月 1 日，毛泽东主席在天安门城楼上宣读中央人民政府公告，庄严宣告伟大的中华人民共和国成立。此时的云南已有部分地区获得了解放，但是省会昆明和滇西南等一部分地区仍然为国民党军队所控制。在国庆大典上，朱德总司令宣读中国人民解放军总部命令，命令人民解放军迅速肃清国民党反动残余武装，解放一切尚未解放的国土。1949 年 11 月，解放军野战部队进军大西南；12 月 9 日，国民党云南省主席卢汉率部起义，拉开了解放云南的序幕。南下的解放军野战部队与国民党残余军队进行了几个月的战斗，成功消灭了大部分国民党军队，其残余军队也被解放大军追剿，逃窜至中缅边境一带的境外活动。1950 年 2 月 24 日，中国人民解放军第二野战军第四兵团司令员陈赓宣布云南解放、中国共产党云南省委员会成立。

然而，云南的解放并不意味着斗争的结束，更加艰巨复杂的国际问题、边疆问题和民族问题摆在新成立的政府面前，使这个处于西南边陲的省份的解放成果和社会主义建设的开启面临着种种挑战。

从国际形势来看，西方帝国主义势力利用长期控制东南亚地区的条件，以东南亚为阵营，利用逃窜至缅甸境内的国民党残余势力，虎视眈眈伺机反攻，边境一带不断受到受美国支持的国民党残余武装力量和地方反共力量的骚扰。滇西南边境一线（西双版纳、澜沧、孟连、耿马、临沧一带）正是我们与反动势力角逐的重要前沿阵线。

从边疆少数民族地区的历史发展来看，云南边疆少数民族地区自元明以来，中央王朝采取"以夷治夷"的土司制度，清朝改土归流以后，西南地区大部分土司土官控制区都成功进行改流，进入中央政府直接控辖治理的范畴。但是，一些极边地区的土司管辖区改流尚未完成，如曾经由车里宣慰司控制的十二版纳，在清雍正年间改流时，仅将江内六版纳区进行了改流，江外六版纳仍然由车里宣慰司控制。而车里宣慰司内外摇摆，或依附中国，或亲近缅甸，使江外六版纳的归属处于不稳定状态。在前期国民政府推行的大汉族主义压迫和歪曲宣传影响下，很多少数民族对新中国政府不信任，对汉族干部充满戒备或敌视。时局需要新中国政府及早处理好民族关系，维护边疆稳定。

云南少数民族众多，各民族历史发展进程不同，民族交融程度也不同。有的民族如白族受汉文化影响较大，积极主动吸收儒家文化，民族交融较早。而一些少数民族生活在山区，实行刀耕火种和游耕经济，生产力低下，与其他民族交往少，社会空间相对封闭，民族隔阂较深。

这些都是西南边疆少数民族地区面临的急迫而重大的问题，若解决不好，会对新中国的国家安全造成严重威胁，也会对即将开启的社会主义建设事业造成严重阻碍。

1950年云南修建国防公路提上重要议程，这与启动青藏公路、川藏公路的修建一样具有同样重大而迫切的现实意义。这一时期云南的公路建设主要围绕恢复生产、巩固国防、支援进藏、清匪反霸、支援越南、发展经济，大规模开展抢修公路桥梁、恢复运输活动。省人民政府成立了公路修建指挥部，组织抢修国防、边防公路，恢复和续建经济干线。①

---

① 云南省地方志编纂委员会总纂，云南省交通厅、云南省民航局编纂《云南省志》卷33《交通志》，云南人民出版社，2001年，第4~5页。

## 二　昆洛公路建设启动

昆洛公路，是指从昆明到西双版纳勐海县打洛口岸公路，这是一条从省会城市通往滇西南直抵边境口岸的道路，是云南的省道干线，也是213国道的组成部分。昆洛公路起自昆明，经玉溪、元江、普洱、思茅、景洪（原名车里）、勐海（原名佛海），止于中缅交界的打洛，初建时全长866公里。其中，昆明至玉溪大梨园段，长112公里，于1940年建成；大梨园至勐海段长674公里，于1954年12月27日竣工通车；勐海至打洛段长80公里，于1960年完工。

早在1941年底，出于抗日战争的需要，国民政府军事委员会运输统制局（运统局）通知云南省公路总局，修建昆明经元江、车里至打洛的军用炮车路，限四个月完成。后运统局公路工务总处副处长周凤九来滇与省局洽商，改为修建公路，制定《修筑昆洛公路实施具体办法》，昆洛公路之名始见于此。但筹备工作尚未就绪，因战争形势变化，昆洛公路工程停办。[①] 1946年云南省建设厅公路计划局拟定《云南省公路建设三年计划》，计划于1947年到1949年，在云南新修省道1581公里，县道2278公里，包括拟新修的省道干线滇迤南线呈洛线（昆明呈贡—车里打洛）946公里。其中呈玉路（呈贡—玉溪）97公里已经建成，玉峨路（玉溪—峨山）16公里在建，其他路段为此次计划修建的道路。[②] 此条干线即今天的昆洛公路。但是不久后国民政府土崩瓦解，除了完成在建的玉峨路（止于大梨园），后面路段的计划均停滞。

新中国成立之初，面临帝国主义可能以东南亚为跳板、从西南边境武装入侵的威胁，云南国防公路的修建成为必要且急迫的重要任务。1950年，昆洛公路的修建提上议事日程。1951年2月，西南军政委员会交通部决定，以西南交通部公路局昆明分局和滇藏公路局为基础，组建昆洛公路工程处，新成立的部门受西南交通部和云南省交通厅双重领导，负责建设

---

① 云南省地方志编纂委员会总纂，云南省交通厅、云南省民航局编纂《云南省志》卷33《交通志》，云南人民出版社，2001年，第128页。

② 《云南省公路建设三年计划》，云南省建设厅公路计划局拟，1948年，云南省图书馆藏。

昆洛公路。1951 年 4 月，昆洛公路工程处在昆明正式成立，1951 年 9 月 4 日昆洛公路正式开工。昆洛公路的修建终于在共产党领导下的新政府的领导和统筹指挥下拉开了序幕。

### 三　昆洛公路建设大会战

在新成立的云南省委统筹指挥下，省交通厅等单位抽调管理干部和技术人员先后共计 1600 多人，到昆洛公路施工现场具体负责工程施工和施工管理工作。由玉溪、蒙自、普洱等专区 41 个县的技术人员组建成民工队，参与昆洛公路的建设。当时玉溪专区出动民工 4 万多人，蒙自、普洱专区各出动 2 万多人，累计上路民工 9.3 万多人。还从昆明、宜良、楚雄等地动员铁工、木工、石工 1000 多人，作为技术骨干加入施工队伍。

昆洛公路横穿哀牢山、无量山两大山脉，跨越红河、阿墨江、把边江、澜沧江 4 条江河，山川相间，沟壑纵横，山高谷深，地形十分复杂。新平县境内的大雪锅山海拔 3137.4 米，元江县城附近的红河水面高低相差 2800 多米。公路翻山跨河，时上时下，弯多坡陡，桥梁和涵洞多，土石方量大，工程十分艰巨。民工队伍筑路，主要依靠锄头、扁担加大锤，基本上没有机械设备，全靠体力劳动、手工作业，不仅劳动强度大，而且生产效率低。加之公路沿线大多是荒山野岭，人烟稀少，高山寒冷，河谷炎热，一些地区瘴气瘟疫流行，边境一带治安问题不少，这些都给施工队伍带来很多困难和危险。此外新中国刚成立，资金、技术等诸多方面都十分匮乏，筑路遇到的困难可谓多如牛毛。[①]

但是，新中国的筑路工人们不畏艰难，他们怀着建设社会的信念与热情，风餐露宿、战天斗地、劈山开道、日夜苦干。道路的修筑也受到党和国家领导人的高度重视，毛泽东等国家领导人专门为建设者题词，激励建设者顽强拼搏、战胜困难。1952 年 11 月 20 日，毛泽东主席亲自为国防公路建设者题词："为了帮助各兄弟民族，不怕困难，努力筑路。"朱德总司令为昆洛公路题词："以一往无前的精神，战胜天险，打通昆洛交通，实

---

① 付江、何瑛：《新中国第一条公路——昆洛公路》，《青年与社会》2007 年第 4 期。

现巩固国防，繁荣经济的光荣任务！" 1953 年 3 月，昆洛公路指挥部在墨江县城召开大会，西南军政委员会交通部副部长穰明德代表中央人民政府交通部，向昆洛公路指挥部授旗。当绣有毛泽东、朱德题词的两面红旗展示在主席台上时，会场上响起的热烈的欢呼声和锣鼓声经久不息，筑路者为新中国筑路的爱国热情空前高涨。①

参加昆洛公路的筑路者满腔热情地奋战在施工工地，这些民工平时从事农耕，没有开山劈石、修路的经验，但是民工们热情高涨，边学边干。他们就地取材自编土箕，自己制造推土车，钢钎、大锤等铁制工具也靠自己打造。没有炸药，就用火烧石头冷水浇的土办法解决，或者抡起大锤敲打，全靠人力解决；没有压路机，就自造大石碾，靠人拉大石碾压路基；没有打桩机，就自制 900 公斤重的石墩、铁锤，打桥涵基桩；缺少钢筋水泥，就采用土办法自制竹筋、石灰加红土代替，用这种材料砌挡墙、涵洞。工地上彩旗飘飘，宣传标语十分醒目，开山的炮声不时响起，筑路者的号子声打破了滇西南深山密林的寂静。昆洛公路就这样，在筑路工人辛勤汗水的铺洒下，甚至是在生命的血染下②，以最简单的筑路条件一段一段地快速地由北向南推进，1954 年 12 月，昆明到勐海的道路终于被打通，昆洛公路正式通车。③

四　与昆洛公路修筑同时进行的民族团结工作

在昆洛公路开工修筑的同时，云南省的民族团结工作也在如火如荼地开展。

为了贯彻维护祖国统一，坚持民族平等合作、团结互助，实现民族区域自治和各民族的共同繁荣，中央和云南省民族工作从增进民族交往交

---

① 付江、何瑛：《新中国第一条公路——昆洛公路》，《青年与社会》2007 年第 4 期。
② 昆洛公路修筑期间，整个工程工伤事故死亡 1221 人，残废 30 人，受伤 262 人，平均每公里投资 50468 元。参见思茅地区地方志编纂委员会编《思茅地区志》（上），云南民族出版社，1996 年，第 919 页。
③ 昆洛公路原计划由大梨园修通至打洛止，长 754 公里，后改变计划暂修至勐海止，长 674 公里。参见云南公路史编著写组编著《云南公路史》（第 2 册），云南人民出版社，1999 年，第 42 页。

流、取得少数民族头人的信任、让少数民族充分了解共产党的民族政策、帮助他们成为国家的主人这一切入点入手，做了大量艰苦的工作，也取得了显著的成效。

**1. 选派少数民族代表进京参加国庆观摩，各民族盟誓跟党走**

为了团结刚解放的边疆各族人民，增进少数民族对祖国的了解，深入贯彻实施中国共产党的民族平等、民族团结政策，中央决定组织全国各地的少数民族代表团赴北京参加新中国成立后的第一次国庆庆典。

由 34 名少数民族头人代表和 10 名随团人员组成的普洱观摩团至北京后，参加了盛大的国庆庆典活动，还受到毛主席等国家领导人的亲切接见。他们深切感受到了党中央对少数民族的关怀，领会到了党的民族政策，终于放下了戒备，将珍贵的礼物献给毛主席。国庆观礼结束后，党中央又安排了观摩团成员参观北京、上海等地，观摩团历时三个多月于 1950 年 12 月 26 日回到普洱。观摩团回到普洱后，在宁洱参加了民族团结大会，会上他们十分激动地把所见所闻讲述给各民族代表，将共产党民族政策现身说法进行宣传。在会上一些少数民族代表提出要举行剽牛仪式，用少数民族自己的方式宣誓各民族团结一致跟党走。

1951 年元旦，在普洱红场隆重举行了剽牛喝鸡血酒的盟誓仪式，各民族代表共同宣读盟誓词，在盟誓词中签名，并将盟誓词刻成碑文①进行永久保存：

> 我们二十六种民族的代表，代表全普洱区各族同胞，郑重地于此举行了剽牛、喝了咒水，从此我们一心一德，团结到底，在中国共产党的领导下，誓为建设平等自由幸福的大家庭而奋斗！此誓。

普洱民族团结宣誓仪式后，全区掀起了民族团结的热潮，为党中央在边疆推行各项政策奠定了坚实基础。

---

① 民族团结誓词碑目前保存在宁洱县民族团结园内。

图 2 - 1 　民族团结誓词碑

图片来源：苏祺涵拍摄。

**2. 中央访问团深入少数民族地区宣传党的民族政策，各民族团结一致心向党**

新中国成立初期为了消除历史上留下来的民族隔阂，疏通民族关系，实现民族团结，宣传中国共产党的民族政策，加强中央与边疆各地区少数民族之间的联系，党中央于 1950 年至 1952 年陆续派出访问团深入西北、西南、中南及东北、内蒙古等少数民族地区宣传党的民族政策。1950 年 8 月 6 日中央访问团第二分团（云南分团）在团长夏康农、副团长王连芳的率领下到达昆明，深入云南少数民族地区宣传党的民族政策。[1] 访问团对

---

[1] 当代云南编辑部编《当代云南大事纪要》，当代中国出版社，2007 年，第 21 页。

文山、普洱、蒙自、文山、大理、楚雄、丽江等少数民族聚居区进行了访问，访问期间访问团亲切地向各少数民族传达党中央的民族政策及毛主席对各少数民族的关怀，深入调查少数民族村寨的社会经济状况，倾听各民族声音；扫除大民族主义，帮助各少数民族在卫生、文教、贸易等方面的发展，加强边疆地区民族参观团和访问团之间的往来。① 中央访问团至云南少数民族地区的访问促进了各民族间的团结和进步，是云南成立民族自治区或民族联合政府的重要一步，使各民族紧跟党的脚步和政策，紧紧团结在党的周围，为边疆各少数民族政治、经济、文化、教育、卫生、公共基础设施的发展和完善创造了条件。

因普洱的民族团结工作做得比较好，1950 年 8 月，普洱成立了云南省第一个民族民主联合政府——宁洱专区民族民主联合政府，进一步增强了各民族当家做主人、共同团结、齐心协力建设社会主义新中国的凝聚力。

### 3. 以和平协商和"直过"方式进行民主改革

新中国成立后，为帮助各少数民族实现民主政治，改善各少数民族的政治环境，一同与内地各民族建设社会主义，党中央决定从根本上废除民族压迫和封建剥削政治、经济制度，对处于原始社会的部分少数民族地区以直接过渡的方式，跨越历史的断层，使其投入社会主义革命和社会主义建设的宏伟事业中。在中国共产党的领导下，从云南的实际出发，开展了有别于内地土地改革的民主改革（和平协商土改和直接过渡两种形式），建立人民政权，使边疆各少数民族在政治、经济上得以翻身做主人。② 云南少数民族地区以和平协商实行民族改革的地区有西双版纳、澜沧拉祜自治县、中甸县、德钦县、红河边疆民族地区等少数民族聚居区，直接过渡至民主社会的地区有思茅边境地区、西盟和沧源佤族聚集区等。

这样一种适当宽松的民族改革政策既有利于边疆社会的稳定，也有利于团结一切力量投入社会主义建设当中，对团结边疆各民族也具有重

---

① 夏康农：《中央访问团访问云南民族地区》，载李师程主编，云南省政协文史委员会编《云南文史集粹》（第 9 卷）《民族宗教》，云南人民出版社，第 262 页。

② 吕志强：《民族区域自治政策在云南的伟大胜利》，载李师程主编，云南省政协文史委员会编《云南文史集粹》（第 9 卷）《民族宗教》，云南人民出版社，第 448 页。

要意义。

当时宁洱专区所辖范围内的少数民族地区，根据各民族社会经济发展程度，在社会主义改造中有的地区采取了与内地一样的土地改革，有的采取了和平协商的土地改革，有的采取了直接过渡的土地改革。其中，宁洱专区所辖的墨江、宁洱、思茅一带，主要采取的是与内地一致的土改政策，即没收地主、小工商业者的大部分土地和财产，无偿分配给贫下中农。在轰轰烈烈的"农民翻身斗地主"的社会主义改造中，中国农村土地产权实现了新的再分配，废除了几千年的封建地主所有制，实现了社会主义的农民土地所有制，广大农民获得了土地产权，农民成为土地的真正主人。

## 第二节　昆洛公路大会战与那柯里村民生活

昆洛公路是在新中国成立之初启动建设的。党中央极为重视昆洛公路的建设，但在百废待兴、国家财力困难的情况下，决定按照"依靠地方，发动群众"的方针修筑公路。新中国的国家社会动员能力十分强大。1951年，云南掀起"昆洛公路大会战"，在云南省交通部门的主持和号召下，政府不仅在全省范围内抽调了大批管理、技术干部和医务人员，还从玉溪、蒙自、思茅三个专区分期分批动员了大量民工参加筑路。① 在当地政府的积极宣传动员下，昆洛公路沿线各族人民群情激昂，争相报名，要求参加筑路大军，修建"翻身路""幸福路"，很短时间内就组建起几万人的民工队。②

昆洛公路基本上沿着传统马帮道路走向建设，昆洛公路因此成为那柯里村旁的一条道路。不过，不同于那些热情高涨的报名参加修路的民工，那柯里村的村民与这条新开辟的道路关系并不大，他们村没有人参与道路修筑。这可能与政府的社会动员并未涉及他们村寨有关。当访谈村民，询

---

① 《云南公路史》编写组编著《云南公路史》第2册《现代公路》，云南人民出版社，1999年，第42~43页。

② 付江、何瑛：《新中国第一条公路——昆洛公路》，《青年与社会》2007年第4期。

问当地老人当时对修筑这条道路的感受之时，他们是这样表述的：

> 高家奶奶："我们村子都没人去修路，施工的民工基本都是思茅来的，可能是统一分配的吧，反正我们也没有接到通知说要去参加修路。"
>
> 访谈者："那修路的时候，村子里的人都在干吗呢？马路离你们村子这么近，总会好奇去看看吧。"
>
> 高家奶奶："刚开始还是有点好奇，经常爬上去看是怎么回事，后来看多了也没意思。而且大家都知道如果这条路修通了，马帮就不会从这里走了，就更加没兴趣了，我们开店的这几户都想着以后要怎么办，谁还有心思关心路修得好不好。"①

开荣发马店的李天林也表达了类似的想法：

> 李天林："我们这里嘛，本来交通就还可以，我这条路还能通到西藏，还能去缅甸，骑马出门也很方便，去思茅一下就到了啊，而且骑马又不累，修这个马路有什么用。"
>
> 访谈者："马路修好了，通汽车，去哪里时间都更短了、更方便了，不是很好吗？"
>
> 李天林："我们农村人，时间多得很，你看这路一修好，马帮就不来了，全部都汽车运货了，我这马店还怎么开。"②

这些表述显然是村民们的事后之感。作为连接空间与空间的道路，要认识它的意义，应放在空间关系上。作为从未见到过现代交通工具汽车、不了解汽车运输能力的村民，在修建道路的时候，他们并不能清楚地预见

---

① 访谈人为云南大学博士研究生武婷婷；访谈时间：2017 年 7 月 20 日；访谈地点：那柯里村。
② 访谈人为云南大学博士研究生武婷婷；访谈时间：2017 年 7 月 20 日；访谈地点：那柯里村。

这条公路会给村寨和他们自己的生活带来怎样的影响。

当问到修公路过程中筑路者与村民有怎样的互动时，村民李姓奶奶是这样说的：

> 他们施工队有自己的食堂，工人都在食堂里吃，不会出来外面吃的，那个时候的人都没有钱，有钱也舍不得用。施工队需要竹筐，会到我们村里来买竹子去编竹筐。你看，我们这里有一片小竹林，他们过一段时间就会来买竹子。
>
> 修公路的人和村里的人偶尔还是有交往的。修公路的那些都是年轻的男子，看见村子里漂亮的女孩子，也会过来找个借口说几句话。上面那个村里就有一个女子，与修路工人认识后嫁给了修路工，跟着去大理了。①

这大概就是那柯里村民与昆洛公路的修筑者们为数不多的交集，这条插着彩旗、响着战鼓、由众多民工日夜奋战出来的重要公路，经过两年的大会战，终于在1954年实现了通车。

## 第三节　昆洛公路与集体化时代的那柯里

崭新的昆洛公路修通了，村民们惊喜地看到拉着机器的汽车从远方隆隆驶来，又满载木材隆隆驶向了远方。新奇、兴奋之后，村民们发现经过他们村的那条马帮道路往来的马帮日渐稀少，回响在山间的马帮铃声逐渐消失。村寨的社会生活，也随着各种新事物、新政策的出现，改变着他们的生产和生活状况。他们需要像适应这条新道路一样，适应社会主义时代的新生活。

### 一　昆洛公路通车初期的那柯里

1954年底，昆洛公路全线通车。昆洛公路通车，意味着马帮运输历史

---

① 访谈人为笔者；访谈时间：2017年7月18日；访谈地点：那柯里村。

的正式终结，马帮驿站的生计就此寿终正寝了。

关于这一段历史，荣发马店的李天林是这样说的：

> 这条路刚修通的前几个月，还是有马帮来的，只是后来慢慢地就越来越少，直到再也没有马帮来了。我家的店也只能关门了，把帮工也遣散回去了。马店关门了，又回去种地种庄稼。有什么办法，总要维持生活，要吃饭啊。①

出生于 20 世纪 40 年代的李天林所说的这段话，有些信息是真实的，如道路修通后的一段时间，仍然有马帮往来，这是符合实际的。因为公路修通后较长的一段时期，由于汽车运力紧张和汽油紧缺，公路运输无法满足物资往来的需要，马帮仍然是短途物资运输必要的补充。

但是，有些信息不一定属实，比如，他家的荣发马店可能因为政策变化已提前关闭了。

## 二 若即若离的昆洛公路

与马帮道路穿村寨而过不同的是，这条新修的昆洛公路并未紧挨着村寨，而是从距离村寨约 500 米的北面山梁上经过，住在山脚低洼处的那柯里村民既看不到昆洛公路，也听不到昆洛公路上轰隆隆的汽车声。

公路开通之初，那柯里村民对公路上轰隆而来的汽车充满了好奇。村里的一个奶奶给我们讲了当时的情形：

> 大家从来没有见过汽车，听说汽车来了，大家都跑到公路上去看汽车。当时，汽车会在道班②停下来，休息和加水。有时大家凑过去看汽车，司机故意突然按响喇叭，把人们吓得往回跑。

---

① 访谈人为云南大学博士研究生武婷婷；访谈时间：2017 年 7 月 21 日；访谈地点：那柯里村。

② 道班，是养路工人的生活区。昆洛公路建成后，政府从修路民工中招募了 3000 多人留在公路沿线进行道路养护工作。其中一个养护段道班就设在那柯里村附近的公路上。213 国道改造后这一路段被废弃，道班的房子也荒芜在这里几乎成为遗迹。

听说这是铁牛，力气很大。村子里还有人跑去山上割了一大筐青草来喂铁牛。①

那柯里村的张爷爷回忆起小时候看汽车的情形也是充满了美好：

那时我们还小，10岁左右，每天要赶牛到山坡上放牛。我们喜欢到对面的山上去放牛，那里看得到公路，也听得到汽车的声音。每次听到汽车声，都会很兴奋。我们晚上也会跑到道班附近去玩耍，其实是想看看晚上开着灯跑的汽车。不过，那时候在公路上跑的汽车不多，很少能够碰到。②

看着载着货物的大货车轰鸣着艰难地在盘山公路上行驶，看着马帮道路逐渐被疯长的野草蔓延侵蚀，那柯里村民们完全明白：一个旧的时代已经一去不复返了。

尽管与昆洛公路有些距离，但那柯里作为一个路边村寨的优势仍然保持着。随着公路上跑的汽车不断增多，那柯里村民可以在公路边上拦车搭个便车，或上普洱（今宁洱）或下思茅（今普洱），也是大大方便了。因可以较早地享受到坐车的机会，村民们的坐车体验也与其他村寨的村民有很大的不同。李奶奶不无自豪地告诉我们，她坐车从不晕车，无论坐多远。这与那些很少坐车、一上车就晕车的老一辈村民形成了鲜明的对比。

但是，这条道路似乎与村民刻意保持着距离。村民们虽可利用靠近公路之便搭顺风车，但因公路上往来的货运车辆不多，也很少有客运班车往来，村民出行要搭一辆便车其实并不容易。在道班口的公路边，有时等四五个小时，有时等一两天才能搭上车。遇到什么紧急的事情，根本无法指望靠公路搭便车救急。曾经有这样一件事情：

---

① 访谈人为笔者；访谈时间：2017年7月20日；访谈地点：那柯里村。
② 访谈人为云南大学博士研究生武婷婷；访谈时间：2017年7月20日；访谈地点：那柯里村。

**图 2 – 2  新昆洛公路（213 国道）上那柯里段的里程碑**
图片来源：苏祺涵拍摄。

　　当时，我们村子里有一个妇女生孩子难产，要紧急送往思茅的医院。我们就到公路上拦车，可是等了大半天，都没有一辆车过来，最后是村子里的人们一起弄了个担架，把她抬到思茅的医院去了。[①]

　　类似这样的紧急情况并不常有。促进人员的流动和实现物资的流通是道路的基本功能，不过随着农村集体化的推进，村民们发现他们的生产生活并无太大必要利用这条道路：村民的生产活动已经被生产大队计划和安排好，村民只需按时出工劳动，秋收之后按工分分粮；村民自留地被收回，家里也不能搞副业，个体与市场的联系逐渐减少；村寨里有赤脚医生、有供销社，村民不能自给的服务和商品可从村寨中获得，也没有必要外出。

　　可以说，这一时期的昆洛公路与村民的生活处于若即若离的状态。

三　那柯里村的集体化及村民的国家意识

　　社会主义改造完成以后，我国社会主义建设很快走上了集体化道路。

---

　　① 访谈人为笔者；访谈时间：2017 年 7 月 22 日；访谈地点：那柯里村。

这一时期宁洱专区（其行政区域范围与现在普洱市所辖区域相同）的集体化改革情况在《思茅地区土地志》中有所记载：

　　中华人民共和国成立后，1951—1956 年间，除澜沧、孟连、西盟、江城是直接过渡区外，宁洱全区都进行了土地改革，废除封建土地所有制，没收、征收土地和房屋分配给无地、少地的农民。与此同时，进行了土地丈量和登记，颁发土地证。之后，又组织农民参加互助组、农业生产合作社，逐步推进农村土地和其他生产资料由私有制向集体所有制过渡。1956 年的农业合作化和 1958 年的人民公社化，完成了土地私有制向集体所有制的转变。①

　　其中初级农业合作社是半社会主义性质的集体经济组织，实行以评工记分、按劳取酬并兼顾地主分红的分配原则。土地入社的办法是，除留一定的（一般每户 1 亩）自留地外，其余入社，秋收后参加土地分红。土地仍归农民个人所有。随着农业生产合作社由初级向高级发展，个人土地所有制又转变为集体所有制。根据 1956 年 6 月 30 日第一届全国人民代表大会通过的《高级农业生产合作社示范章程》，高级社的入社农民必须把私有的土地和耕畜、大型农具等主要生产资料转为合作社集体所有，由高级社经营，取消土地分红。

　　1958 年 8 月，中共中央作出《关于在农村建立人民公社问题的决议》。8 月 13 日，《云南日报》刊登了毛泽东主席"办人民公社好"的号召。10 月 5 日，中共云南省委发出《关于建立人民公社的指示》，全区及时宣传贯彻。全区地县在一个月的时间内就实现人民公社化，进入人民公社后，合作社原来的公共积累和公共财产一律转化为公社所有，高级社时农民个人还没有折价入社的牲畜、大型农具，建公社时折价归公社所有。自留地交公社统一经营。成片的林木、果园、竹

---

①　张正华主编，思茅地区土地管理局编《思茅地区土地志》，云南民族出版社，2001 年，第 3 页。

林、菜园归公社所有。原合作社所有的土地，全部转为公社所有。[①]

那柯里村民在经历了土地改革、农业合作社初级社、高级社的土地制度变革之后，又回到同一起跑线上：以前开马店积累下来的财富优势不复存在，土地改革后保留的一点点生产资料的私有财产更是在集体化道路下全部归公，生产活动也不再自由安排，而是由大队统一安排、统一管理、统一分配。

一位老人回忆那时的情况：

> 大家每天按照大队的要求出工劳动。18 岁以上的劳动力，不管男女，只要出工都记 10 分；18 岁以下、65 岁以上以及身体素质较差的劳动力一般每天的工分就是 9 分；外来人员刚到村里的时候，要经过一段时间的培训才能给 10 分的工分。大队里经常开会，每天记工分，还有宣传党的政策等。[②]

集体化时期中国很多农村粮食供给十分困难，吃不饱成为当时人们最深刻的记忆。不过那柯里村民对这一时期没有太多生活困难的集体记忆，相反，集体化的制度使村民在共同劳动和集体合作中感受到了社会主义制度的优越性。

（一）劳动的激情

集体化时期，轰轰烈烈的"工业学大庆""农业学大寨"活动，"自力更生、艰苦奋斗"的"大寨精神"，"红旗渠"等先进事迹，从内地到边疆，广大劳动者无不鼓足干劲地忘我劳动，用汗水建设自己的新家园。

曾经经历过公社的老一辈人讲起大队的事情，流露出一些感慨和怀念：

---

① 张正华主编，思茅地区土地管理局编《思茅地区土地志》，云南民族出版社，2001 年，第 77～79 页。
② 访谈人为云南大学硕士研究生杨玉秀；访谈时间：2015 年 8 月 2 日；访谈地点：那柯里村。

　　那个时候，大队部一敲钟，大家就陆陆续续扛着锄头出工了，干活的时候，肯定有偷懒的人，但是，那个时候大家都在"农业学大寨"，公社和大队的领导每次开会都在讲要学劳模学先进，开展劳动竞赛，谁的劳动最积极，谁做的活最认真，谁种的粮食收成最好。所以，大家都是鼓足干劲，你追我赶，积极劳动。年底，大队里、公社里还会评先进，评劳动模范。评上劳动模范的人很光荣的，会给他们戴大红花。[1]

　　位于西南边疆的那柯里村，一样可见"农业学大寨"等标语。每次大队和公社评优或表彰劳动积极分子，被表扬的村民都觉得很光荣。尽管奖品只是一朵大红花或者一个搪瓷茶杯，但是村民们十分享受"被表扬"的过程，并且作为一种政治待遇来珍视。

　　（二）集体的温暖

　　集体化时代，强调每个人的工作是为国家作贡献，为集体添光彩，个体需求和个性差异是不被重视和认可的。但是，这并不意味着个体是孤立的，相反，在集体主义下，个人的贡献被集体分享，个人也得到集体照顾。集体形成的合力在很大程度上支持着群体成员共同的发展。这也构成了那柯里村民的集体记忆。

　　在集体化时代开会是一种全民参与的政治活动。那柯里大队（含附近几个自然村）的村民，都要集中到那柯里村开会，吃"大锅饭"的那几年，村民们还要集中到那柯里一起吃"大锅饭"。当时有几户村民住得比较远，从村寨到那柯里有七八里的路，每天往返跑十分费时费力，大队于是让这几户村民搬迁到那柯里村生活。从山上搬下来的李奶奶回忆这些事情时说：

　　刚搬过来的时候，我们什么都没有，房子呢是那柯里这里的村民帮忙（盖的），大家到山上砍木头，一起帮着盖起了间草房，安顿下

_____

[1] 访谈人为云南大学硕士研究生杨玉秀；访谈时间：2015 年 8 月 2 日；访谈地点：那柯里村。

来。搬下来以后我们方便多了，不用天天来回跑七八里路，还离公路近。那柯里这个村住户也比较多，平时有什么事情，大家相互帮忙一下就过去了（处理好）。①

集体经济时代，不允许农民有家庭副业，到了年底根据每家出劳动工分的多少来分配粮食。工分分配制度有利于劳动力多、劳动力强的家庭，而劳动力少、劳动力弱的家庭往往一年到头分不到多少粮食。如曾经开过驿店的高家人口较多，但有五个未成年孩子，全劳动力只有父母两人，靠他们每天出工挣工分分得的口粮根本不够一家人糊口。鉴于这种情况，合作社平时在粮食分配上会对他家进行一些照顾，所以高家奶奶很感激当年村合作社的照顾：

> 钱多钱少都无所谓了，那个年代主要是能吃饱就行，家里小孩多，大人少，工分自然就少了，好在公社给我们家粮食上照顾，所以全家都差不多能吃饱饭，就是有了大家的帮持，我才把五个孩子都养大成人了。

可见，无论社会发生什么样的变化，守望相助这样的传统文化机制仍然在乡村发挥着重要作用。

（三）国家认同得到强化

当问起那柯里的老年人对 20 世纪 50—70 年代的一些印象深刻的事件，老人们打开了记忆的匣子，他们滔滔不绝讲述的，更多的是一些国家大事，而不是自己身边发生的事情。他们是这样讲述这些重大历史事件的：

> ——抗美援朝，保家卫国。新中国刚刚成立，美帝国主义侵略朝鲜，他们想占了朝鲜以后，继续来打中国。中国人当然不答应。所以毛主席号召我们"抗美援朝、保家卫国"，中国人民志愿军雄赳赳、

---

① 访谈人为笔者；访谈时间：2017 年 7 月 23 日；访谈地点：那柯里村。

气昂昂，跨过鸭绿江。很快就把美国鬼子打败了。

　　——卫星上天，原子弹爆炸。那个时候，中国很穷，也很落后。美帝国主义就整天威胁中国，要来打中国。中国人民有自己的志气，就自己造原子弹，自己造卫星。中国人真的很伟大，很快我们的原子弹就爆炸了，我们的卫星就上天了。

　　——周总理来西双版纳过泼水节。1961 年，周恩来总理来到西双版纳，和傣族人民一起过泼水节。他穿着傣族的服装，来和大家一起泼水……我没有在现场，是我家景洪的亲戚讲给我们听的。

　　这些历史事件的背后，都有一个共同的符号——国家。这些事件之所以能够深刻地印在西南边疆少数民族村寨村民们的集体记忆中，说明在新中国成立以后的短短几年，国家认同已经深深植入边疆人民内心深处，边疆少数民族已经清晰地认识到了国家强大对每个百姓关系重大，边疆少数民族群众也从国家的民族政策中充分认识到国家对少数民族的重视和予以的切实帮助。

# 小　结

　　新中国成立初期，在中国共产党的新型民族政策的感召下，西南边疆各民族以剽牛盟誓的方式表达了各族人民团结一心跟党走的决心，边疆少数民族地区的社会主义建设拉开了序幕。昆洛公路建设大会战，这个具有很强国家象征的道路建设，不仅为滇西南地区开启了现代公路的历史，而且在很大程度上预示着边疆少数民族地区走上新的社会发展道路。那柯里村的村民并没有直接参与昆洛公路建设大会战，但昆洛公路建设所带来的国家象征意义，已经深刻地在那柯里村民的心里留下印记。紧跟着昆洛公路建设的脚步，新中国社会主义建设的政策方针也逐步落地边疆少数民族地区，那柯里很快进入集体经济时代。昆洛公路成功通车，这条公路对于村民的生活而言若即若离，集体经济在那柯里的推行，以及社会主义建设的一系列方针政策的宣传，在村民心中烙下了深刻的印记。

# 第三章　213 国道与那柯里村民的
## 个体经济实践

　　1978 年 12 月 18 日至 22 日在北京召开的党的十一届三中全会，是中国具有划时代意义的大会。这次大会确立了以经济建设为中心、实行改革开放的方针，中国发展进入新的阶段；大会还作出了加快农业发展的决定。之后，有关农村经济体制改革的政策不断出台，1982 年 1 月 1 日，中国共产党历史上第一个关于农村工作的中央一号文件颁布，明确指出包产到户、包干到户都是社会主义集体经济的生产责任制。随之开启的中国农村的经济体制改革，极大地激发了农民生产积极性，广大农民积极发展农业生产，努力开展多种经营活动，使农村地区迅速摘掉贫困落后的帽子，逐步走上富裕的道路，中国因此创造了令世人瞩目的用世界上 7% 的土地养活世界上 22% 人口的奇迹。

　　从集体经济到个体经济，这一制度转变使中国农村在农业技术没有发生任何改变的情况下，农业经济效率得到了大幅度提高，这是制度变革的成效。个体经济实践深刻地影响着中国农村社会，影响着千千万万农民的社会生活。在这场深刻的制度变革中，地处西南边疆的那柯里也紧紧追随时代的步伐。

## 第一节　改革开放催生路边经济
### ——"黑猫旅社"的开张

　　从 1980 年开始，云南省逐步实施农村"包干到组""包干到户"的改革，工商业开始推行经济承包责任制，个体经济也得到了恢复发展。经过

1983 年建立林业生产责任制，1985 年对承包土地作局部的调整及其他各项农村工作政策、方针和法规的贯彻落实，农村各种责任制日趋完善。农民有了生产经营的自主权，主动性、积极性和创造性得以充分发挥，农业商品经济有了显著发展，不同类型和行业的专业户、重点户、联合体应运而生。1990 年普洱（今宁洱）县农村经济联合体发（展）到 80 个，专业户2388 户，从业人数 3808 人，进入城镇经营的劳动力 3025 人。①

对于路边村寨的普通百姓而言，这场以经济建设为中心的改革开放，他们首先是以公路上的汽车增多的方式感受到的。村民们这样回忆当时的情况：

> 六七十年代，公路上的汽车很少，一天能见到两三辆车就不错了，有时候几天才能见到一辆大货车在公路上跑。八十年代以后，公路上跑的车越来越多了，一个小时内会有好几辆车经过，晚上跑夜路的汽车增多了，远远地可以看到汽车在盘山公路上移动的灯光。②

往来汽车的增多，催生了路边经济的发展。那柯里村因距离昆洛公路（老 213 国道）有一段距离，路边经济并未辐射到村寨里，村民们仍然继续从事着传统农耕经济活动。但是，属于那柯里行政村的其他几个自然村，如团山村、中良子村等，因其地理位置更接近昆洛公路而获得了路边经济发展的先机。

"黑猫旅社"就是当时那柯里这一带老 213 国道上的第一家路边食宿店，用今天的话来讲就是第一家汽车旅馆，在当时的普洱（今宁洱）—思茅这条公路上名噪一时，经常往来的货车驾驶员几乎无人不知，方圆十几里的村民也常常津津乐道。

在田野调查中，这个名字充满神秘气息的汽车旅馆，也引起了我们田野调查同学的极大兴趣，一名学生在田野日记里是这样记述第一次调查访

---

① 云南省普洱哈尼族自治县地方志编纂委员会编《普洱哈尼族彝族自治县县志》，生活·读书·新知三联书店，1993 年，第 151 页。

② 访谈人为笔者；访谈时间：2015 年 1 月 18 日；访谈地点：那柯里村。

谈"黑猫旅社"的情景的：

今天是田野的第七天，因为睡眠不足，我处于低电量状态。因为对老 213 国道的好奇，我跟着小分队上了团山村和中良子村，看看传说中的"黑猫旅社"。于是我第三次走上了老 213 国道。

汽车呼啸行驶在幽静的老 213 国道上，一会儿就到了团山小组组长家。这里的住房较为传统，依旧是木质结构。房子位置一般居高临下、视野开阔，绿树掩映，水声潺潺，环境清幽，一阵清风拂过，令人心旷神怡。忽然觉得自己好像来到了仙境一般，有点遗世独立的感觉。

组长并不在家，我们略有些失望，索性直接去了传闻中神秘的"黑猫旅社"。店主姓蒋，70 多岁，裤子扎在袜筒里，有些落魄老人的味道。其老家在墨江，因找了本地的媳妇，就在此安家。改革开放后，因为独到的经济眼光，他花了 3 万元买了 4 亩地来建这个旅社。我们参观了旅社，依旧是 20 世纪八九十年代的装潢和布置，很有一个时代的年代感。与那柯里村复古却又现代的建筑群相比，俯视那柯里村的高地上有着这样一个时代的"活化石"，多少有点魔幻现实主义。

老人其貌不扬，衣着朴素，似乎传递着朴素村民的形象，但是一开口说起他的发家史，让人感到其思维的活跃和眼光的前卫。这个奇特、神秘的旅馆仿佛是武侠小说中的"龙门客栈"，老人是武侠小说中的能人异士。当谈到要做饭给我们吃时，我们立刻商量要求在一定的金额内配菜，我非常害怕出现吃到山珍野味以至于最后没有金钱支付的尴尬情况。

在交谈的过程中，老人一直给我们传递他是很有思想并关注时事的人的信号。他说他经常收看凤凰卫视，高谈奥巴马、特朗普，还说最近在看《红楼梦》。我简直怀疑他是否真的是居住在深山中的淳朴百姓，或许是一个隐士？显然，他不是隐士，而是一个非常精明的商人，与他的外表和所处环境形成鲜明的对比。

　　"黑猫旅社"是这家食宿店的绰号，经营"黑猫旅社"的老蒋本来把他的食宿店取名为"驾驶员之家"。当时正值改革开放之初，全国全面恢复生产，邓小平同志提出了"不管黑猫白猫，能捉老鼠的就是好猫"的论断，鼓励大胆创新。当时有一部名为《台湾黑猫旅社》的台湾电视连续剧在大陆热播，因此老蒋的旅社便被人们戏谑地称为"黑猫旅社"。老蒋在与我们的交流中提到他的食宿店被称为"黑猫旅社"还有两个原因：一是旅社附近有一个地方名叫"野猫潭"，常有许多野猫到那里喝水；另一原因是当时晚上常会停电，到处黑黢黢的，在黑黢黢的旅店里住宿，听到野猫的怪叫，人们自然而然地会想到《台湾黑猫旅社》这部片里的各种神秘故事。

　　"黑猫旅社"这个名字可谓寓意深刻，其两层含义都指向了改革开放新政。著名的"黑猫白猫"论，被诠释为在一个偏远边疆山寨的汽车旅馆的名字，正是对老蒋"敢为天下先"的精神的口碑式礼赞。老蒋的成功，同时也是对"黑猫白猫"论断的实践注解，而与台湾电视剧《台湾黑猫旅社》的关联，在某种程度上说明了中国改革开放对广大民众的影响。

　　老蒋并不是那柯里人，他原来是墨江人，因为父母早逝就跟着他舅舅到景洪东风农场工作，曾经是跑车的司机。后来因为在路边停歇、加水之类的，他认识了家在中良子村的妻子，昆洛公路就从妻子家门口经过。老蒋讲述了他在 20 世纪 80 年代初期开旅社的经过：

　　　　这条路上上下下的汽车很多，有这么多车经过，驾驶员一定需要休息吃饭的地方，我就想干脆辞掉农场的工作，回她（指妻子）家开个旅馆。当时好多人都不同意啊，说我有好好的农场工作不干，要来这里折腾开店。我当时借了好多钱，借钱的时候我都给他们讲未来的前景，让他们一定相信我。就这样我借了三万块钱，买下了"黑猫旅社"这里的四亩地，盖了现在这个食宿店。①

―――――――――――

① 访谈人为云南大学硕士研究生杨玉秀；访谈时间：2015 年 8 月 2 日；访谈地点：中良子村。

老蒋对于商机确实看得很准，食宿店一开张生意就好得不得了，后面好多人都学他开店。当时请的帮工都是两班倒（每个工人都包吃包住，30元一个月），24 小时都在接待客人，因为来往的汽车日夜穿梭，只要有车停下，旅店就需要接待，通常是开长途货车的驾驶员来吃饭住店。有时候晚上两三点钟有车到，他们也要起来给他们做饭和安排住宿。当时的收费标准很便宜：住人 2 元/人，停车 1 元/车，一桌人吃饭十一二块钱。20 世纪八九十年代，昆洛公路最繁荣的时期，据老蒋说那时路上每天要通过 200 多辆车。那时候他的食宿店可以容下 20 多个人，来晚了便没有床位了。如今，还能够看到"黑猫旅社"最辉煌的时候遗留下来的 4 个大厨房。老蒋说，现在自己每年招待亲朋好友吃杀猪饭，最多时候要摆下五六十张桌子。

因为生意兴隆，老蒋只用了两年时间便把所借的三万元还清，到了第三年还买了一辆面包车，专门用于每天到思茅市场购买食材。经营食宿店三四年后，老蒋就买了村寨的第一台彩电，确切地说，是方圆几十里的第一台电视机。电视机放在饭厅里，附近几个村寨的村民，老老小小都来这里看电视，每天饭厅都是人头攒动，好不热闹。他买的电视是日本松下牌，是托开货车的老乡从昆明拉回来的。老蒋一时成为当地有名的"万元户"。

附近的村民看到老蒋的"黑猫旅社"经营得风生水起，都蠢蠢欲动。家里经济条件好一点的，就模仿他在路边开个加水店、食宿店接待过往司机。那柯里的村民也很想跟他们一样开个小饭店、小旅馆，无奈公路离村寨有一段距离。一村民说："老昆洛公路上以前不是有好几家旅店，他们位置好啊，马路就在他们家门口，随便把家里收拾一下就能开店了，我们那个时候就没有这个好处，公路离我们村子还是有点远的。"

中国有一句古话："三十年河东，三十年河西。"今天的时代变化太快了，还没有等到三十年风水就转了方向。曾经得改革开放风气之先的"黑猫旅社"及其周边的汽车旅馆仅维持了十多年的繁荣，就走向了衰落。新213 国道修建起来以后，原来的那条老 213 国道逐渐被弃用，"黑猫旅社"的命运也和这条经过他们饭店的道路一样，在滚滚前行的时代大潮中被抛弃。

因年久失修，如今昆洛公路（老 213 国道）路面破损非常严重，到处坑坑洼洼，底盘低的轿车通行会有些困难。"黑猫旅社"依然坐落在那里，宽敞的院落门可罗雀，保持 20 世纪八九十年代装修风格的院落年代感十足，静静诉说着当年的辉煌。老蒋仍然经营着他的"黑猫旅社"，这条废弃的公路还常常会有教练车拉练，山地自行车爱好者常常在这条路上运动，往来的司机和山地运动爱好者们不时会来这里吃饭，以前熟识的朋友也会相约周末，开着车专程来这里吃个饭。而 70 多岁的老蒋依然宝刀不老，心中还有着宏大的发展规划。

## 第二节　新 213 国道建成后汽车旅馆的兴盛

改革开放初期，沿海开放城市是内陆和边疆地区的一面旗帜，引领着中国的现代化之路。深圳等改革开放前沿的发展经验深刻影响着全国各地，其中"交通先行"的经济发展经验被凝练成为一句著名口号："要想富，先修路。"云南作为偏远的山区省份，交通基础设施落后一直是发展的瓶颈。1984 年 6 月，中共云南省委和省政府确立了"开发云南，首先要建设交通"的指导思想，决定动员全省人民掀起一个群众性大干县乡公路建设的新高潮。① 国家财政对云南国道等主干道的建设和改造的支持力度逐步加大，各条国道的小段改造（路基平整、路面加宽、弯道改造）等不断推进，并且积极准备高等级公路的修建。

1986 年开始，在交通部的安排下，云南进入高等级公路建设的新时期。云南省修建的第一条高等级公路是石（林）安（宁）高等级公路，这是云南境内的昆瑞路、昆河路、昆洛路三条国道主干线高等级改造的首个工程。该道路于 1986 年 8 月 10 日开工，1990 年 12 月 29 日竣工。与此同时，昆洛公路的高等级化建设也启动了。1987 年有关交通规划部门设计了将昆洛公路改造成二级道路的方案，1988 年该方案重修调整改为新修一条

---

① 云南省地方志编纂委员会编《云南省志·交通志》，云南人民出版社，2001 年，第 179 页。

二级高等级公路。1993 年，昆玉二级汽车专用道建成通车。除了对昆玉路段首先进行改造，对昆洛公路的改造分段逐步实施，优先改造了一些设计施工方案不科学（如弯道大、坡度陡、塌方严重等）的老路段。

新昆洛公路也称为新 213 国道①，其中磨黑至思茅段就是较早进行改造的路段。磨思公路是按二级公路标准开工建设的，1992 年 12 月 16 日正式开工，因资金紧张施工进度缓慢，1997 年 2 月 20 日，举行通车典礼。磨思公路北起今宁洱县的磨黑镇，南至思茅（今普洱市），全长 80 多公里，通车后，从磨黑到思茅只需要一个半小时，大大缩短了两地之间的通勤时间。

对新 213 国道磨思段二级公路的改造，是按照原来老路的走向重新设计的，改造后的公路是一条与老路并行的新路。磨思公路的建成，对于那柯里来说是一个转机——213 国道的主路移到了那柯里村的南面，公路紧挨着村寨——那柯里又变成了一个真正的路边村寨，道路使那柯里走向繁荣发展的新时代。

新 213 国道磨思公路建成以后，道路再次和那柯里村发生紧密联系。

## 一　雨后春笋般兴起的汽车旅馆

在"黑猫旅社"的示范效应下，那柯里的村民们在磨思公路尚在建设之时，就已经预料到公路两侧的土地经济价值，或开始收拾自家沿公路边的房屋为开店做准备，或购买他人路边土地新建房屋准备开店。磨思公路一经开通，名为"心园饭店"、"乐土饭店"和"老班长饭店"的三家汽车旅馆几乎同时开业，很快就凭借靠近路边的地理优势把汽车旅馆开得风生水起。时间似乎回到马帮时代，村民们又开始为过往车辆和人员提供服务，只不过今天的新驿站是以更高级的汽车旅馆方式呈现的。

心园饭店的老板告诉我们："修路的时候，我就琢磨着要怎么开这个

---

①　如今的 213 国道是一条南北贯通的国道，起点为内蒙古额济纳旗策克口岸，与蒙古国接壤；终点为西双版纳自治州勐腊县磨憨口岸，与老挝国接壤，经过内蒙古、甘肃、青海、四川、云南 5 个省份，总里程约 4136 公里。（老 213 国道为兰州—磨憨公路，总里程约 2827公里。）

旅馆了。之前'黑猫旅社'在上面生意多好啊，十分赚钱。我开包子店①也这么久了，手艺肯定不会差，也能留住过往的司机。"

乐土饭店的老板也表达了他们当初的想法："种田总赚不了几个钱，出去打工也赚得不多，还要很多花费。在这里我们把自己家房子收拾一下就可以开店了啊。而且修公路时地也被征收了，我们家也没什么地。自己家里的几个人（指家庭成员），一个人做饭，一个人接待，就差不多了。"

心园饭店和乐土饭店两家老板都算是那柯里开旅店的元老级人物了，他们的土地都因修路而被征用，他们都有家在路边的地理优势，所以生计模式转变既是被迫转型也是优势利用。还有一些开汽车旅馆的村民，本身在路边并没有土地，他们在公路修建期间从有路边土地的村民手中买到了土地，盖起了房子开汽车旅馆，这些人的远见，令人刮目相看。

心园饭店的老板向笔者回忆起他们曾经的辉煌：

> 在汽车旅馆红火的时期，我家的食宿店有 8 间住房，可住 10 多个人。一般每天都有四五辆汽车在此停歇住宿。一般开长途货车的司机，都会三两辆车相约同行，以便路上照应。若一个人单独出车，也必定会带个徒弟。因此，只要有生意，通常是好几个人、好几辆车。很多司机都是熟客，他们住了一次，下次还会来这里住。
>
> 来住宿的司机一定会在旅店里吃饭。他们吃的东西不多，杀一只鸡，煮一盆青菜，再炒个下酒菜。等司机睡了，我们会帮他们冲冲车、加加水之类的，让他们第二天起来吃过早点就可以上路了。司机要离开时，我们一次性收取吃饭和住宿费，每天收入都不错。两三年下来，就可以新起一栋楼房。
>
> 我家这里地理位置比较好，就在马路边上。我们的店大概开了 4 年的时候，我就买了一辆面包车，因为每天都要买菜啊，天天坐车提

---

① 20 世纪 80 年代中期，心园饭店老板利用自家房屋在村里的小学校附近开了家小卖部，早上兼卖早点，主要是卖包子。在磨思公路修建期间，他家的包子店和小卖部生意火爆，夫妇俩还适时扩大经营规模，把晚上也利用起来开了家烧烤店，为民工们提供喝酒和吃夜宵的去处。

那么多东西也不方便，赚了一点钱，就买了车专门买菜用，这样方便很多啊。

钱还是赚了一点，但是也没有他们（村民们）说的那么夸张，只是比起种田肯定是要赚得多。之前我家开小卖部和早点店，我老婆早上卖完早点，还要到地里盘田种地。我们开这个饭店之后就完全不种田了，再说了，田都被征收了，也没得可种了。全部心思都在开饭店上了。①

心园饭店的夫妇俩，是从务农的普通农民，到兼业做小卖部的小老板，逐渐成为专业开饭店的大老板的。他们一步步脱离农业生产，磨思公路的开通起了决定性作用。如果说开小卖部是他们生计模式转变的开始，那么磨思公路的开通使其生计模式实现了彻底转变，虽然他们依旧是农业户口，生活在农村，但是他们已经完全转向了饭店经营。其他从事汽车旅馆的人家也一样，他们都很快就不再从事农业生产，而是完全转向了汽车旅馆经营。他们成为那柯里最先致富的一批人，大多数将辉煌延续至今天。

那柯里汽车旅馆的生意，见证了中国改革开放的阶段性发展。1997 年磨思公路刚开通的时候，来往的车辆以货运卡车为主，旅店主要以住宿为主，兼卖饭食，来往的货车司机们住店的目的只为歇脚，消费有限，汽车旅馆的收入并不那么可观。心园饭店的老板娘除了经营汽车旅馆，早上仍和以前一样，到那柯里小学门口卖早点。随着中国经济的快速发展，汽车旅馆的生意越来越好，不仅最初从事汽车旅馆经营的人家放弃农耕和其他经营项目，专心打理汽车旅馆，在公路边没有土地的村民也想方设法在公路边购买土地盖房经营，一时间那柯里的汽车旅馆如雨后春笋般迅速发展起来，一个小小的那柯里村，有 20 多家汽车旅馆，它们以那柯里村口为中心，沿着公路两旁上下延伸。一些没有公路边田地，也没有能力投资的村民，只能羡慕地看着别人赚钱，而那些早早地低价把公路边土地转卖的人

---

① 访谈人为笔者；访谈时间：2015 年 1 月 22 日；访谈地点：那柯里村。

家，则追悔莫及。ZH 就是这样一个痛失公路边土地的村民，他向笔者介绍说：

> 现在 L 店所在的位置本来是我家的田地。20 世纪 80 年代初刚刚包产到户的时候，我家收入主要来自烤酒，因为我家有祖传的烤酒秘方和好手艺。因为当时 L 店老板家的田地位置更靠近水源，我家便和他家交换了土地。后来，磨思公路修通之后，他占据了有利位置开始经营食宿店，而我家却几经波折，最终还是没有得到公路边的土地。我的大儿子到现在依旧对于这块土地的交换耿耿于怀，认为要不是我当年做了这件事，我家在那个位置做生意能够比现在更好。①

那柯里村路边经济真正的繁盛时期，是 2002 年至 2007 年这五年。随着中国经济的发展，三四线城市的周末经济快速发展起来，周末外出休闲成为城里人的时尚。不少宁洱县城和普洱市的市民，把周末和家人、朋友相约开车外出吃饭作为新生活方式。因为那柯里已经有发展相对成熟的饭店，于是有很多城里人将周末外出活动和吃饭的地点就安排在那柯里，一些政府单位的接待也被安排到这里，汽车旅馆的生意变得异常火爆，他们的经营方向也由以住宿兼饭店为主转向以农家乐饭店兼住宿经营为主。生意最为火爆的这五年，那些开汽车旅馆或农家乐饭店的老板们很快积累了大量资本，他们不仅都买了小汽车，还把赚的钱用于扩大经营规模。如心园饭店和乐土饭店这两家老店的老板，都把分店开到了宁洱县城和普洱市内，成为当地著名的企业家。

## 二　微型面包车的运输经营

随着新 213 国道磨思二级公路的修成，那柯里村无疑真正进入了公路时代。那柯里上距宁洱 25 公里、下距普洱 28 公里的地理位置，也为那柯里村的微型面包车经营活动提供了便利条件。最早开始购买面包车的是开

---

① 访谈人为笔者；访谈时间：2015 年 8 月 2 日；访谈地点：那柯里村。

汽车旅馆的人家，为方便做生意，自家车成为必需品，此时车辆的主要用途是接送客人、买菜。如乐土饭店的老板最早购入了一辆吉普车，老班长饭店和心园饭店的老板随后跟进。心园饭店的老板购进的是一辆微型面包车，这是那柯里最早出现的小型车。此时，那柯里村大部分村民仍主要以农业为生计，收入十分有限。据心园饭店老板回忆，2000 年他购买面包车以后，除了买菜，也常捎带村民去宁洱县城，每人收费 5 元。

2002 年到 2007 年那柯里村客流量猛增期间，村里微型面包车大军也开始蓬勃发展起来。面包车购车价格多在 3 万—6 万元不等，与花几十万元盖个汽车旅馆或农家乐相比，投资相对较少。一些没有赚上第一桶金的村民纷纷用积蓄或贷款，购买微型面包车做起客运生意。据村中中年人回忆，当时村中客运面包车规模一度达到 20 余辆。据一个司机说，在面包车运营最红火的时候，他们在宁洱与思茅之间跑车，一天能跑七八趟。①

那柯里村民并不是微型面包车司机的主要客源，从县城来那柯里吃饭的客人也不是他们的目标消费者。司机们以那柯里为节点，以宁洱—思茅为营运路线，沿线各个村庄的村民都成为他们的潜在乘客，乘客只需站在路边挥挥手，司机们便会将车停靠过去，票价根据路程远近不一。在一段时间里，那柯里村的微型面包车俨然成为磨思公路上的准"公交"，几乎垄断了这一路段的客运业务。

## 第三节　尝试金融杠杆的村民

道路以其连通性连接着不同的地域空间，实现不同空间人的流动和物的流动。从那柯里汽车旅馆和面包车运营的时间序列来看，道路的连通性具有明显的物流先行、人流后动的特点。在以物品流动为主的历史时期，那柯里村主要为过往马帮和货运汽车提供驿站、汽车旅馆服务，参与了物品流动的过程。汽车旅馆是"马帮驿站"的高级化翻版，二者在本质上没有什么不同，都是提供食宿服务，只不过有了规模上的扩大和服务品质上

---

① 访谈人为云南大学博士研究生项露林；访谈时间：2017 年 7 月 23 日；访谈地点：那柯里村。

的提升而已。

但是，改革开放以来那柯里村村民借助公路发展起来的个体化经济，与马帮时代的"人店""马店"的传统经济有着本质的不同。这主要体现在村民对市场机会的主动把握：村寨边的道路刚刚开始规划建设，村民就立即着手在路边购买土地、修建房子为开汽车旅馆做准备，道路一开通，马上就迎来了汽车旅馆的红火生意；当农村经济有了一定的发展，村民马上意识到普洱城乡之间的人员流动规模将快速增长，不少家庭开始购买微型面包车跑起客运，客运生意风生水起。

我们在田野调查中，发现那柯里村民还有一个更加先进和大胆的尝试，那就是他们中的一部分人很早就开始运用金融杠杆进行个体化经济实践。"黑猫旅社"的蒋老板，在给我们介绍他开汽车旅馆的经历时，一个细节引起了我们的关注：

> 这条路上上下下的汽车很多，有这么多车经过，驾驶员一定需要休息吃饭的地方，我就想干脆辞掉农场的工作，回她（指妻子）家开个旅馆。当时好多人都不同意啊，说我有好好的农场工作不干，要来这里折腾开店。我当时借了好多钱，借钱的时候我都给他们讲未来的前景，让他们一定要相信我。就这样我借了三万块钱，买下了"黑猫旅社"这里的四亩地，盖了现在这个食宿店。①

这个细节就是蒋老板在亲戚家到处游说，借了三万块钱，买了一块地盖了"黑猫旅社"。三万元，在 20 世纪 80 年代中期可是一笔巨款，当时的普通公务员每个月的工资仅 45 元钱，早餐吃一碗米线只需要花 1 角钱。而老蒋，他当时是个边疆地区的国营农场工人，一个从来没有做过生意的农场工人，辞掉人人羡慕的"铁饭碗"已经是令人震惊的事情，还要借一笔巨款去投资做生意，举动堪称疯狂。

较早在公路边开农家乐的 GE 家，也是利用金融杠杆一步步发展起来

---

① 访谈人为云南大学硕士研究生杨玉秀；访谈时间：2015 年 8 月 2 日；访谈地点：中良子村。

的。在开农家乐之前，他家不时承揽一些诸如修路、挖沟之类的小工程。承揽这类工程，多数情况是工程完工验收后才结算，有些工程还会出现拖欠款项的情况。因此，作为资金不够雄厚的小包工头，为购买挖掘机等设备，以及支付工人工资等，需要到银行贷款。GE 很早就和银行打交道了，贷款的程序他了如指掌，从一两万元的贷款开始，借了还，还了借，贷款的金额越来越大，承揽的工程标的也逐步增大。当看到那柯里旅游经济发展商机之时，他及时从承包小工程转向了农家乐经营，并且成为村寨里最早经营小客栈的第一批村民之一。2017 年我们调查时，他家二楼三楼的楼房正在改造装修，GE 指着楼上正在装修的房子，自信地说："你们下次来，就可以住在我家这个客栈啦。"为了改造这个客栈，GE 又从农村信用社贷了 30 万元的贷款。

利用金融杠杆进行个体经济实践的还有杨姐。杨姐出生于 1968 年，她是从其他村寨嫁到那柯里的。当时他们家的生计方式还是传统农耕，主要是水田和山地耕作。磨思公路修建时，她家的稻田被征用了，失去稻田的杨姐家主要靠在山地种茶作为经济来源。

杨姐很善于使用金融贷款，有意思的是，她使用金融贷款的想法受到了她上小学的儿子的启发。她儿子曾经对她讲，数学老师讲了一个美国老奶奶和中国老奶奶的故事，故事的大意是美国老奶奶年轻的时候从银行贷款购买了房子，她就开始有房子住，到她死之前她才还完贷款，但是她这一辈子都有房子住；而中国老奶奶呢，天天省吃俭用紧巴巴地攒钱，攒了一辈子终于把钱攒够了盖了一栋房子，结果没有住几年就死了。这个故事让她意识到贷款的重要性。于是，当时只有 3000 元积蓄的她，向农村信用社申请了 6 万元贷款，加上政府补贴的 1 万多元，她盖起了那栋老屋。后来因政府征用老屋的宅基地，她家从老屋又搬迁到如今住的地方，现在这栋新盖的房子总共造价 60 多万元。老屋宅基地被征用时政府补偿了 30 多万元，新房建设政府补贴了 3 万多元，她还向亲戚借了一些钱，然后又向银行贷款了 10 多万元，最终花了 60 多万元建成了现在这栋楼房和庭院。

2017 年我们调查时，看到宁洱县农村信用社在那柯里设了一个服务点，这个服务点较为现代的房屋风格与那柯里复古的乡村民居形成了鲜明对比。

刚刚成立的游客服务中心也暂时借这个金融服务点之地挂了个牌，墙上有服务热线等信息。我们田野调查时跑过很多云南的村寨，这是唯一一个有金融机构在村寨设服务点的，由此可见，不仅有老蒋、杨姐、GE，那柯里很多村民，都尝试过或者正在尝试运用金融杠杆进行个体经济实践。

## 小　结

"要想富，先修路"，这是改革开放初期最响亮的一句口号。西南边疆少数民族地区的现代化道路建设在改革开放的新时代得到了很大推进。20世纪80年代，在昆洛公路还没有进行改造之时，因经济发展的需要，公路上的货车日益增多，同属于那柯里行政村的几个路边寨子如中良子、团山的村民，就开始发展路边经济，开起了最早的汽车旅馆。"黑猫旅社"的经营成功，充分体现了改革开放促进了经济潜力的巨大释放。20世纪90年代的高等级公路改造，使那柯里村重新获得了路边村寨的区位优势，村民利用新213国道磨思二级公路段紧挨村寨的有利条件发展路边经济，争先恐后地开汽车旅馆和经营微型面包车生意，并利用金融杠杆发展个体经济，充分体现了那柯里作为路边村寨便于接收新信息、新思想的优势。而这样的区位优势使得村民的思想观念更为开放。这不仅为那柯里村民赚取了第一桶金，也为那柯里村寨后来的经济转型奠定了物质基础和思想基础。

# 第四章　昆曼国际大通道与那柯里
# 村寨经济转型

进入 21 世纪，中国进一步加快了与世界融合的步伐，连接中国与东南亚地区的昆曼公路的建成通车是中国与世界走向深度融合的标志性成果之一。联合国亚洲及太平洋经济社会委员会的一位高级官员曾说："在亚洲公路网中，有一段激动人心的路，那就是昆曼公路。"① 这条令人激动的国际大通道，再次将边疆少数民族地区路边村寨那柯里的命运改变。

## 第一节　高速公路通车的忧虑

云南是与东南亚国家相邻的边疆省份，有 4060 公里的国境线，与越南、老挝、缅甸毗邻，是中国西南对外开放的门户。早在 20 世纪 90 年代，云南就提出了要建设"面向东南亚、南亚国际大通道"的发展战略，并积极加入大湄公河次区域的开发与合作项目。为了加快中国与东南亚国家的经济一体化进程，建设昆曼国际大通道被提上了日程。20 世纪 90 年代，在国际合作机制尚未全面建立起来之时，中国政府已经单方面行动起来，主动开始修建昆曼公路中方段道路。

2000 年以后，在国家深化对外开放的政策推动下，云南面向东南亚、南亚开放的步伐大大加快，在"建设绿色经济强省，民族文化大省和连接东南亚、南亚国际大通道"的三大战略目标基础上不断提升，形成了"建设绿色经济强省、民族文化强省、面向西南开放重要桥头堡"的新三大战略，云南

---

① 《大动脉 通未来——昆曼公路中国段、老挝段通车》，《创造》2008 年第 2 期。

与东南亚、南亚国家和地区的经济合作和文化交流更加深入。2002 年 11 月 3 日，大湄公河次区域经济合作首次领导人会议在昆明召开，在这次会议中中国政府正式加入《大湄公河次区域便利货物及人员跨境运输协定》，并积极主动推动昆曼公路的建设，承诺对老挝、泰国昆曼公路的建设提供技术援助和资金援助，提出加快昆曼公路中方路段的高速公路的建设。

昆曼公路是中国陆路连接东南亚国家的一条重要交通大动脉。该公路全长 1850 公里，其中昆明到边境口岸磨憨 827 公里，为中国段；老挝境内磨丁至会晒长 247 公里，为老挝段；由老挝会晒跨过湄公河进入泰国边境城市清孔后，清孔至曼谷全长 813 公里，为泰国段。2008 年 3 月 21 日，昆曼公路中方路段全线通车（高速公路和二级路混合道路）；2008 年 3 月 31 日，昆曼公路老挝段正式通车；2012 年 12 月 12 日，跨过澜沧江的清孔—会晒大桥顺利合龙，至此昆曼公路实现了全程贯通。2017 年 9 月 28 日，昆曼公路中方段全程实现高速化。

昆曼公路中方段在道路走向上与 20 世纪 80 年代以来新改建的昆洛公路（二级路）一致，因道路建设要求全程高速化，昆曼公路是一条新建的道路。昆曼公路的建设以昆明为起点，逐段推进，主要由以下几条路段组成：昆玉（昆明—玉溪）高速、玉元（玉溪—元江）高速、元磨（元江—磨黑）高速、磨思（磨黑—思茅）高速、思小（思茅—小勐养）高速、小磨（小勐养—磨憨）高速。各段修建通车的时间不一致，在小磨高速公路通车之时（2017 年 9 月 28 日），媒体报道昆曼公路中方段实现全程高速化，但事实上当时磨思高速尚未完工。因磨思高等级公路（二级路）已于1997 年建成，而其他路段的高等级化尚未开始，故高速路建设中磨思公路就成为最后改造的路段，2006 年才开始正式进入建设阶段。建设期间又因资金问题等种种原因，原计划于 1999 年通车的安排一推再推，至 2010 年才通车。

且看 2011 年 4 月 21 日一则题为《磨思高速全线通车，设计时速为 80 公里》① 的新闻报道：

---

　① 　资料来源：云南网，最后访问日期：2020 年 10 月 20 日。

磨（黑）思（茅）高速公路按当时设想，2009 年年底就可以通车了，不过这一美好愿望却迟迟未能实现。直到昨日，才真的通了。

**通车时间一拖再拖**

2006 年底，在磨思高速公路建设的进场动员大会上，本报等媒体进行采访时得知，"按照设想，2009 年底磨思路将变成双向 4 车道高速公路，昆明到思茅到西双版纳将实现全程高速路"。

这个消息让普洱、西双版纳等地的人们高兴不已。但到了 2009 年年底，磨思二级公路未能如期通车。后又传出 2010 年年底通车的消息，不过，同样又令司机朋友们失望了一次。此后又传出今年 3 月底通车的消息，其结果，同样只是一个传说。

而与此同时，随着北端元磨高速公路、南端思小高速公路的相继建成通车，以及车流量的日趋增多，到了今年初，磨思二级公路日均车流量已经高达 7000 余辆，这已超过了磨思二级路日均通行三四千辆的设计。每逢节假日，或是遇到小摩擦或车祸，磨思二级路上堵车成了常事，被当地人喻为"堵车路"。

**昨日低调通车**

昨日上午，有朋友告诉记者，看到磨思高速公路有车通行了，记者随后致电普洱市交警支队，获知当天上午 8 时，磨思高速公路正式通车。据了解，这次通车与 2006 年时的进场动员大会相比，很低调，并没有举行相关仪式等。

据介绍，磨思高速公路是国道 213 线兰州—磨憨公路、西部大开发通道干线、国家高速公路网规划之昆明—曼谷国际大通道的重要组成部分，路线长约 64.5 公里，经磨黑、宁洱、同心、思茅，止点接思小高速公路起点。设计时速为 80 公里。

昨日下午记者上路体验，发现收费站已经开始收费。

幸运的是，昆曼公路的设计施工仍然如磨思二级公路，从那柯里村村寨边穿行而过，与村寨最近的距离不到 300 米。那柯里村民也像修建磨思二级公路时一样做出了牺牲：有一部分村民的土地被公路建设征用，所征用的土地补偿费也不高。不过，在众人欢欣鼓舞地翘首期待昆曼公路尽快通车之时，那柯里村民却希望昆曼公路晚一点通车。

看着昆曼公路磨思段逐渐铺上柏油、安上路标，即将通车的时间越来越近，那柯里村民们日益陷入了忧心忡忡之中：高速公路修建完毕以后，道路通行的时间将大大缩短，宁洱至普洱只需半个小时，从景洪至昆明也不过 7 小时，即将开启的朝发夕至的旅途模式，将大大减少人们在路上吃饭休息的需求。更为严峻的是，由于高速公路是封闭运行的，人们停歇吃住只能在高速公路内设的服务区内，这意味着，虽然那柯里村民可以看到汽车从村寨边穿梭而过，但往来的车辆却不可能在那柯里停留。

昆曼公路还给村民带来诸多不便：虽然高速公路就在家门口，但是他们却不能便利地利用这条道路通行。距离那柯里最近的高速公路进出闸口有 5 公里，村民得绕路才能进出高速公路，而且高速公路是收费公路，这将增加村民的出行成本和运营成本。

2011 年 4 月，磨思公路正式通车，那柯里村民的忧心立刻变成了残酷的现实：由于大多数客运和货运车辆在高速路上通行，磨思二级公路上的汽车流量出现了断崖式下降，昔日红火异常的汽车旅馆顿时陷入冷清之境地。

一家汽车旅馆的老板向笔者回忆起当时的情形：

> 我家的食宿店可住 10 多个人，店外有一块停车场，可以停好几辆大货车。每天中午吃饭的时候和黄昏后，是我们最忙的时候，我们请了四五个工人，还经常忙不过来。大多数驾驶员吃完饭又继续赶路。一些晚上八九点来吃饭的驾驶员就会在这里住一晚上再走。自从高速公路通了，食宿店都没有人来住了，生意一落千丈，偶尔有走老路避高速收费的货车会停下来，驾驶员也多吃顿饭就走。因为这些不走高速公路的货车多是跑中短途运输的，一般不需要中途住宿。
>
> 看着空空荡荡的院子，我那时心里真是着急！①

---

① 访谈人为笔者；访谈时间：2015 年 1 月 16 日；访谈地点：那柯里村。

曾经几乎垄断了宁洱到普洱短途运输的微型面包车运营大军，随即开启了冷冻模式，他们之前并没有挂靠正规运输公司，只是以个体运输户的方式申请运营执照，在宁洱到普洱两个城市区间路段跑客运，运营时间不定，一路上招手即停，客人随上随下。在运输时间相等的情况下，他们以方便和低价取得市场份额，较国营运输公司更有竞争力。但是，磨思公路通车以后，定时定点从高速公路跑的国营客运公司在时间上占据优势（宁洱到普洱单程只需半小时，每15分钟发一趟车），两个城市之间的客运几乎被垄断。因无法参与普洱—宁洱两个城市之间点对点的运输竞争，那柯里的微型面包车只能退回到乡村公路招徕散客。在惨淡经营下，那柯里村的微型面包车运营者纷纷退出运输市场，只有少数人艰难地苦撑市场继续运营。

下面是课题组成员在2017年田野调查时乘坐那柯里村民运营的微型面包车的经历，可以看到2011年昆曼公路开通对微型面包车市场的影响：

微型面包车司机是那柯里村人，年龄50岁左右。据他介绍，村中跟他一样仍在经营面包车的只有7人。而在最为红火的2008年，仅那柯里村天天在公路上跑客运的面包车就有20多辆。一路上，从那柯里出发，乘客只有我一人，在到宁洱县城25公里的路程中，沿途只有2人上车，司机收了每人7元。

中午11点从宁洱县农贸市场搭车返回那柯里，坐的是另一辆微型面包车，司机也是那柯里人。8人座的微型面包车足足等了40余分钟还未坐满。司机谈价说每人要出10元，因为空了一个座位，要平摊到每位乘客的身上才能出发，可见客源之紧缺，司机临时加价之无耻。

早上那个司机说生意好的话一天能跑7到8趟，不好的时候也就三四趟，多数时候还坐不满，并且不断抱怨现在开微型面包车已经赚不到钱，每天开车拉客的同时还要经营家中的茶园等。返程司机亦说每天纯收入仅为50—60元，姑且信其为真。不过，以我坐面包车一来一回的切身体会，经营面包车生意已经不是一个赚钱的行当了。①

昆曼公路磨思段刚动工，那柯里村民们就通过村委会、乡政府同有关部门交涉，希望能在那柯里开一个高速公路进出口，期望通过高速路进出口引导人们继续到那柯里停歇吃饭，维持汽车旅馆和农家乐原来的市场。但是根据磨思公路道路规划，从宁洱到普洱段道路只设计了一个出口，这个出口已规划建在距离那柯里村 5 公里同心乡政府所在地附近。国家高速公路相关政策规定，两个高速公路出口之间的距离不能小于 10 公里，因此尽管那柯里村民通过县交通部门向省交通厅不断报告和请求，但是始终没有获得批准。

## 第二节　"6·3"地震与那柯里的转机

2007 年 6 月 3 日凌晨 5 时，宁洱县发生 6.4 级地震，震中位于同心乡，距离那柯里仅 5 公里。宁洱"6·3"地震，是云南省当时震级最高的地震之一，共造成普洱市 3 人死亡，313 人受伤，53.6 万人不同程度受灾，民房倒损 36 万间，其中倒塌 9 万多间，共紧急转移安置灾民 18 万人。

那柯里村因为靠近震中，成为地震重灾区，当时村寨有几间民房倒塌，大多数民房墙体震裂、房顶瓦散落，成为危房。不少村民住进了应急救灾帐篷。据当时统计，那柯里村民小组民房倒塌 37 户、严重损坏 4 户、一般损坏 25 户。②

此次地震受到了党中央、国务院的高度重视。在党中央、国务院的关怀下，在社会各界的大力支持下，灾后重建工作很快启动。从当时的新闻报道可以看到，灾后重建工作在强有力的领导下迅速启动，中央和云南省安排了 6 亿多元的恢复重建资金下拨灾区。

6 亿多元的灾后重建资金，对于宁洱县这个年财政收入不到 3 亿元的

---

① 访谈人为云南大学博士研究生项露林；访谈时间：2017 年 7 月 23 日；访谈地点：那柯里村。

② 数据由那柯里村民委员会提供，2013 年。

县城来说，无疑是一笔巨款。2005 年 12 月 31 日，《中共中央 国务院关于推进社会主义新农村建设的若干意见》（简称中央一号文件）提出了建设社会主义新农村的新发展战略，全国各地轰轰烈烈投身于新农村建设，建设社会主义新农村的整体方针是："生产发展、生活宽裕、乡风文明、村容整洁、管理民主。"在这一总体方针的指导下，宁洱县有关部门积极引导各乡村发展地方特色产业和推进村寨基础设施建设，改善村容村貌。但是，来自上级财政拨款的新农村建设资金有限，地方财政又十分匮乏，新农村建设资金不足问题成为最大的困境。地震之后，来自上级政府拨付的 6 亿多元的重建资金无疑是一笔巨大投入。于是，当地政府把灾后重建工作与社会主义新农村建设结合在一起，以新的发展思路谋划乡村发展。

以下是《云南日报》2007 年 12 月 24 日一篇题为《建设美好新家园——宁洱地震灾区恢复重建纪实》的报道的部分内容：

　　……

　　半年前，突如其来的 6.4 级地震，使这里满目疮痍，到处是断壁残垣。半年后，这里到处是热火朝天的建设工地。在党中央、国务院的关怀下，在省委、省政府的领导下，灾区人民重建美好家园的愿望一天天变为现实。

　　紧紧围绕两大目标任务，灾区党委、政府切实把民房恢复重建作为重中之重，集中人力、物力、财力，全力以赴推进恢复重建。

　　……

　　恢复重建与社会主义新农村建设相结合，既让灾区群众能够尽快搬迁入住，又立足长远，规划到位，为今后灾区经济社会发展打下基础。

　　……

　　时间刚刚过去了半年，蓝色的救灾帐篷旁，一幢新居拔地而起，曾经为房屋倒塌而伤心流泪的徐凤琴笑容满面。新房是两层小楼，8 间房，150 多平方米，马上就要盖屋顶、上瓦片。全部建成后将是一幢青瓦白墙、斜屋顶、有着民族特色的新居。新居前原来狭窄的道路

**图 4 - 1　宁洱县 "6 · 3" 地震纪念碑**

图片来源：苏祺涵拍摄。

扩建到 6 米宽，将铺成水泥路面。徐凤琴家宽敞的新居不仅要自己住，而且还打算发展农家乐。因为恢复重建，徐凤琴和家人看到了发展新产业的希望……

　　思茅区思茅镇三家村坡脚小组村民李正安也有着发展旅游服务业的打算。坡脚是茶马古道途径之地，在恢复重建中，坡脚民房重建就确定了 "茶马古道第一村" 的建设目标，除了富有民族特色的民居，村口将竖立起一块地震纪念石碑，村寨中将建设小广场、茶马古道浮雕、水车、茶祖殿等景点。景点实行统一规划、统一设计，政府补助资金建设。李正安告诉记者，现在每逢节假日，来坡脚走茶马古道的游人就不少，由于村寨没有特色，村民也不具备接待条件，所以几乎留不住游客。借着恢复重建，坡脚有了新面貌，农民增收也有了新机遇。

……

这篇报道较为全面地记录了当时宁洱、思茅地震灾区恢复重建的过程。当地政府将恢复重建与社会主义新农村建设结合起来，重新谋划农村发展的新规划、新路子。从地方政府当时恢复重建的总体规划来看，对一些有一定历史文化资源的传统村落，地方政府对它们的未来发展进行了新的定位和规划。那柯里因位于茶马古道上，曾经作为马帮驿站的这一历史文化资源，荣幸地入选了宁洱重点规划村寨，启动了茶马驿站那柯里特色旅游村寨的建设。

## 第三节　茶马驿站那柯里的规划与建设

宁洱县政府按照社会主义新农村的建设要求，遵照云南省旅游发展的总体战略，发展乡村特色民族文化村寨。基于那柯里村"茶马古道"和"马帮驿站"的历史文化基础，重新定位和打造那柯里村。在县政府有关部门的决策下，那柯里新发展建设规划很快就明确了。

首先是按照旅游小镇的模式统一规划民居建设。宁洱县旅游局工作人员回忆起2007年的那柯里灾后重建工作时说：

> 我们搞灾后重建是要与社会主义新农村结合起来的，那柯里村可不是单纯重建一个农村，而是要打造一个特色民族文化旅游小镇。我们政府有统一制定一个重建标准，大到道路，小到门窗，我们都是严格按照旅游小镇的标准来的。为了发展旅游，我们要求村民的房子都按照符合旅游景观的要求来修建，特别是村内主干道两边的民居，必须按照统一的要求建盖。[1]

---

[1] 访谈人为笔者；访谈时间：2015年1月20日；访谈地点：宁洱县旅游局。

当时，地方政府从旅游者观赏需要出发，为村寨设计了民居的外观，要求外墙体必须用红色的泥土粉刷处理，形成复古民居的特色；民居的门、窗必须采用传统木质雕花等传统工艺建筑材料；等等。地方政府鼓励村民建设半开放式庭院，庭院里设计长廊可供游人休息，有足够大的院落可进行农家乐经营等。这些规划方案通过经济激励加行政命令相结合的方式，高效率地在那柯里村推进。

2008 年 4 月，灾后重建工作已经按计划完成。2008 年 5 月《同心乡那柯里民居特色打造点恢复重建情况》（摘录）反映了当时灾后重建的成效：

> 那柯里村民小组民居特色打造和新农村建设示范户共 46 户，恢复重建总投资 257.44 万元，其中民房恢复重建 95.94 万元，村庄基础设施建设投资 161.5 万元。地震发生后，在各级党委、政府的坚强领导和社会各界的大力支持帮助下，那柯里村民小组震后恢复重建工作始终坚持与社会主义新农村建设相结合，与发展旅游产业相结合，项目实施严格按照统一"坡屋面、彩色瓦"的规划设计要求进行，致力于建设成统一风格、同一色彩的特色民居和社会主义新农村建设示范点。目前，那柯里村民小组民居特色打造和新农村建设示范户房屋已全部竣工。同时，结合恢复重建和社会主义新农村建设要求，认真抓好村庄基础设施建设，现已实施完成宽 4.5 米、全长 1100 米的村庄道路混凝土路面铺筑项目；完成全长 940 米的人畜饮水工程项目；建成旅游公厕 1 座、公共文化活动室 1 个、公共服务广场 1 块；完成通电工程建设，群众家中均安装了电视卫星接收器。为了更好地发挥社会主义新农村的示范带动作用，目前，那柯里村民小组正积极制定和完善各项村规民约。[①]

村民民居灾后重建按旅游规划总体方案有序推进，那柯里的旅游景观

---

[①] 《同心乡那柯里民居特色打造点恢复重建情况》，同心乡人民政府提供。

设施建设同时展开。从 2010 年《那柯里茶马驿站建设情况报告》中可以看到，2007 年那柯里的旅游景观设施建设已经取得明显成果：

> 2007 年，为改善当地村民生产生活条件，深入挖掘茶马古道文化，我县对茶马驿站那柯里进行了重点旅游打造。那柯里一期基础工程和旅游项目建设累计投入资金 1854.4 万元，完成民房恢复重建、村内基础设施建设，修复那柯里至思茅坡脚段 4.377 公里的茶马古道，建成支砌景观路自然石挡墙、河道自然景观、穿寨茶马古道（村岔口至洗马台段）、穿寨茶马古道（驿站广场段）、古道陈列馆、水车拉风箱——千锤打马掌、驿站广场、洗马台、碾碓房、马掌蹄情岛、古道流溪、马跳石、旅游厕所、景区绿化、竹桥（连接驿站广场及洗马台）、寨门和实心树连心桥等 17 个旅游景点和基础设施，并抓紧挖掘、整理古道文化，完善驿站标识系统。①

不到一年的时间，一个具有景观凝视意义的新农村建设完成，成为宁洱县恢复重建的典型范例。

2008 年 11 月，时任国家副主席习近平代表党中央、国务院到那柯里村视察灾区恢复重建工作，看望、慰问灾区各族人民。习近平肯定了那柯里村的灾后重建工作以及那柯里发展乡村旅游的思路。直到今天，在那柯里村，几乎每家每户都张贴着习近平总书记和村民们的照片：一张照片是习近平总书记把慰问品递给村民李天林；另一张照片是习近平总书记在李天林家院子里与村民和当地干部亲切交谈。每当有人到访荣发马店，李天林都会指着照片告诉人们：

> 习主席来的时候，我就坐在旁边，你看，这个老人就是我。我还记得当时主席吃橘子给我分了一半呢。

---

① 《那柯里茶马驿站建设情况报告》，宁洱县政府提供，2010 年。

**图4-2 那柯里的旅游景观：大水车和马帮博物馆**

图片来源：苏祺涵拍摄。

李天林家院子里有一棵橄榄树，习近平总书记当时就坐在橄榄树旁。如今橄榄树枝繁叶茂，日益茁壮，这让李天林满心欢喜。

2010年，宁洱县旅游局聘请了专业规划设计机构，对那柯里村落整体进行旅游景点规划设计。设计方案将那柯里旅游景区取名为"宁洱县那柯里茶马驿站风情谷"，规划建设项目有：田园茶马古道、沿河茶马古道、盘山茶马古道、河道景观治理、烧烤服务区、文化广场、田园风光、野外宿营区、人造瀑布、桥梁、观景台、马掌提情岛、茶马古道遗址博物馆、普洱艺术村等景点景区以及景区厕所、游客服务中心等旅游服务设施。①

经过一年多的建设，那柯里旅游规划二期工程竣工，茶马驿站那柯里作为一个历史文化旅游景点呈现在游客面前，迅速吸引了本地游客纷至沓来。之后，那柯里又按不断完善的总体规划继续进行三期、四期的建设，目前已经形成了较为完整系统的茶马驿站那柯里的旅游景区硬件和软件设施，打造了核心观光景区、游乐项目开发，以及客栈、旅店、农家乐等提供吃住一条龙服务的新兴乡村旅游景区。

---

① 资料来源：《宁洱县那柯里茶马驿站风情谷建设项目可行性研究报告》，内部资料，2010年。

　　当地政府通过多种宣传手段和旅游推广方式进行推广，茶马驿站那柯里成为一个冉冉升起的旅游明星村。据 2021 年 5 月 9 日《普洱日报》专题文章《探寻那柯里茶马驿站的"前世今生"》报道：2009 年 12 月，那柯里被列为云南省第二批省级旅游特色村；2012 年，被国家地理栏目评为云南三十佳最具魅力乡村；2013 年那柯里村入选中国传统村落名录；2014年 9 月，被农业部评为"中国最美休闲乡村（历史古村）之一"；2014年，同心村、那柯里村、漫海村等 8 个行政村的人居环境达到了《普洱市市级生态村创建标准（试行）》的基本条件和指标要求，被列为"市级生态村"，同心镇被评为"省级生态文明乡镇"；2015 年 3 月被中央文明办评为全国文明村；2015 年被住房和城乡建设部、国家旅游局评为"全国第三批特色景观旅游名村"；2015 年，被国家旅游局评为"中国乡村旅游模范村"；2015 年 10 月，被省文明委评为"第七批云南省文明村"；2015 年 12月，据中国生态文化协会网站公布的信息，那柯里被评为"全国生态文化村"；2016 年，被住房和城乡建设部评为全国美丽宜居示范村；2016 年 10月，被省委省政府评为"云南省民族特色旅游村寨"。①

　　从那柯里旅游景观的设计来看，开发者努力挖掘这个村寨与马帮文化有关的线索，并将那柯里的自然景观人文化，试图通过引进外来文化提升村寨文化内涵。

　　利用传统建构景观历史文化，主要对那柯里的旅游景观进行历史文化的挖掘和故事化构造，使游客置身于景点中，有历史的线索可循，有有趣的故事可听，提升旅游景区的历史文化内涵。

　　那柯里的景观被归纳为"两溪、四桥、八景"，其中那柯里八景为百代茶马、古道溪流、风雨听音、四季轮回、古驿马鸣、鸟道茶香、马跃雁溪、百年同心。那柯里为每一个景点都精心进行了历史文化溯源和建构，还为有些景点编了一些吸引游客的故事，或是对村寨原有的历史文化进行提炼，或是根据需要增添一些新的文化元素。总之，通过宁洱县政府有关部门对那柯里历史文化的挖掘和重新书写，茶马驿站那柯里的历史文化底

---

　　①　郭春祥：《探寻那柯里茶马驿站的"前世今生"》，《普洱日报》2021 年 5 月 9 日。

蕴厚重起来了，那柯里的文化遗产资源丰富起来了，呈现给游客的"看点"丰富鲜活起来了。

引进艺术家打造村寨现代文化。在那柯里早期的旅游规划中有一个亮点，即"普洱艺术村"建设项目。这一项目由三个部分组成：音乐创作基地、艺术家工作室、影视外景拍摄基地。这个项目的设计意图是通过为音乐、美术、影视等艺术家提供工作室的方式，引入现代性元素，赋予那柯里艺术村的现代文化气息，吸引都市游客。二期项目启动后，那柯里引进了一位来自北京的艺术家入住该村，那柯里村为其提供了一片较为宽敞的土地，由这位艺术家投资建盖自己的艺术工作室。不过，与政府的设想有所不同的是，这位艺术家的工作室封闭化运行，与村民和游客之间保持了相当的距离。2016年，普洱学院版画工作室被引进入驻那柯里。普洱学院的版画创作在云南小有名气，这一工作室不仅是普洱学院师生的创作实习基地，而且是一个版画展览厅，成为那柯里的一个具有文化特色的旅游景点。与此同时，那柯里以优惠的方式吸引和鼓励一些影视剧创作公司到那柯里拍摄电影，不少电影明星、歌星受邀来那柯里拍戏或搞音乐节等活动，这些活动拉升了那柯里的人气，促进了那柯里的旅游宣传。

**图 4 - 3　那柯里的旅游景观：千年桥**

图片来源：苏祺涵拍摄。

吸引文化人，打造村寨乡愁文化。那柯里毕竟是滇南地区茶马古道沿线上大大小小驿站中的一个小驿站，无论在规模上还是在地理位置上都不具有优势，也没有多少知名度。要打造成为一个在国内外具有吸引力的旅游目的地，难度并不小。宁洱县旅游局十分重视对那柯里的宣传和推广，采用了一些柔性手段进行软推广，如吸引全国各地的作家、摄影家群体来那柯里采风，支持他们写作和创作与那柯里有关的文学作品、摄影作品、绘画作品等，希望借这些文化人之笔，使那柯里的文化内涵丰富化、意义化。《中国青年报》刊载的文章《茶马古道那柯里：一个记得住乡愁的地方》①、凤凰网视频《茶马古道重要驿站——那柯里》② 等是主流媒体宣传那柯里的代表。利用微博、抖音等新媒体宣传那柯里的文章也有不少，随手一检索便可看到《静静诉说着久远历史的茶马古道驿站——那柯里》③、《如果你在那柯里，我希望……》④ 等自媒体创作者的文章。这些图文并茂的自媒体文章，在宣传那柯里方面起到了不小的推动作用。

这些官方的融媒体和民间的自媒体发表的文章，多数以优美的散文笔调配以小桥流水人家风格的照片，体现了宁静平和的乡村景致，这正符合那柯里村今天的文化新定位——乡愁文化。现在的那柯里，正在努力打造乡愁文化，这为他们的乡村旅游升级指明了方向，也提出了挑战。

茶马驿站那柯里的打造无疑是成功的，那柯里村寨改变的景观，那柯里村不断增多的游人，那柯里村民鼓起的钱包……都在揭示着那柯里村的成功。2019 年，《普洱日报》刊载了一篇新闻报道——《那柯里：好日子正在变得更好》，总结了 2007 年 "6·3" 地震以来，那柯里发展旅游经济的村寨嬗变。

那柯里：好日子正在变得更好

2019 年 8 月 30 日

普洱日报讯（记者 张国营）2008 年 11 月 18 日，时任中共中央政治局常委、国家副主席的习近平来到宁洱哈尼族彝族自治县同心乡

---

① 《中国青年报》2018 年 5 月 18 日。

② https://v.ifeng.com/c/7sGZevAe9pW.

③ https://baijiahao.baidu.com/s? id=1610194083761347176&wfr=spider&for=pc.

④ https://baijiahao.baidu.com/s? id=1597439437006944000&wfr=spider&for=pc.

那柯里村，详细了解宁洱"6·3"地震恢复重建情况，看望彝族村民李天林一家。一进门，习近平便走进厨房，揭开锅盖看看他家的伙食，又来到房间，看看他家的住宿情况。就在自己家的小院里，李天林和老伴儿坐在习近平的身旁，听习近平和大家伙儿拉家常，热心地为村里的农家乐发展出谋划策，勉励广大群众："我相信，有了党的好政策和你们自己的努力，你们一定能走上致富之路！"

温暖的记忆深深地烙印在每一个人的脑海里，定格在李天林家的小院里。如今，小院里已长出了枝繁叶茂的绿树，一派欣欣向荣之象，象征着那柯里群众越来越好的日子。

大家都说："原来知道和来那柯里的人不多，扛着扁担在村里转也见不到几个人，现在每天都有大批大批的游客过来。那时候，每人每年能有千把块的收入就不错了，现在每人每年的收入都超过万把块了！"

李天林家的小院也门庭若市，吸引着各地游客前来，还来过不少明星：周迅、张泽群、温碧霞、于承惠……那柯里也变成了远近闻名的明星村，农家乐由 2007 年前的 3 家发展到现在的 20 多家，有民宿客栈、特色小吃店、民族手工艺品店，日均接待游客超过 800 人，每年可实现营业收入 4000 余万元，实现了新农村建设和产业发展的有效衔接，创立了乡村旅游的靓丽品牌。

当年在小院里参加座谈的，还有那柯里村党总支书记张志宝，2008 年以来，村党总支书记已经有 5 任，现任党总支书记赵云奉说，无论谁当村党总支书记，都会将当年小院里的温暖画面当成工作的无穷动力，带领群众发展产业，走上致富路，过上好日子。

这种动力还延续到了新一代的那柯里人身上。1995 年出生的那柯里人高仕兴开始没有想过回家乡发展，在他的记忆里，祖辈、父辈是靠着种地和开驿站谋生，到了自己这一辈，希望换一个活法，从职中毕业之后，就到外面打拼。再次回来时，高仕兴发现这个曾经不起眼的小村子已经发生了巨大变化。

在党的好政策的帮助下，通过美丽乡村建设项目的实施，统一打造房屋风格风貌，连门窗都是统一安装的；引进太阳能光伏新能源技术，路灯、景观灯、庭院灯的外观形态与周边民居建筑风貌、茶马文化有机相融，建立了美丽乡村的光伏利用示范体系……凡此种种，那柯里不仅让游客流连忘返，也让本地人舍不得离开了。高仕兴决定留在家乡施展作为，他思考着，"茶马古道"是个整体，也可以做成这样的算式：茶马古道＝茶＋马＋古道。如今，古道还在，但需要新的茶马元素。

于是，他在自家的农家乐"高老庄"里开起了制茶体验馆，让游客自己动手打造专属茶饼，既提高了人气，也弘扬了茶文化，很多对茶不了解的人通过亲身体验，就此入了门。同时，高仕兴还养起了马，希望古道上还能响起马蹄声，让更多的人伴着马蹄声了解古道文化。现在，发展非常好，最多时，每天会接待几百人，这让他更加坚信自己的选择没有错。随着越来越多的年轻人扎根于此，茶马古道焕发出新的发展生机，已经过上"好日子"的那柯里群众正在向"更好的日子"阔步迈进。[1]

是的，如今的那柯里村民已经过上了"好日子"。曾经因昆曼公路修建而发愁失去汽车旅馆生意和跑运输生意的那柯里村民，在政府的引导下，在灾后重建的机遇下，村民的个体经济实践走向了新的经济业态，他们在政府搭建的乡村旅游平台上施展才华，他们从守在公路边上经营汽车旅馆转向主动向外地、全国乃至全世界展示茶马驿站那柯里。

# 小　结

昆曼公路的修建使得边疆地区的高速化、国际化得以实现，但高速公路的封闭性和直达性使那柯里失去了借助路边村寨发展经济的优势。被昆曼公路带走的人流车流，使那柯里村民借助村寨边公路发展起来的汽车旅馆经济一落千丈，那柯里面临着被现代化抛弃的困境。机遇以破坏性的方式观照了那柯里，2007年"6·3"地震使那柯里村在受到自然灾害破坏的

---

① 张国营：《那柯里：好日子变得更好》，《普洱日报》2019年8月30日。该文曾在《普洱日报》2019年4月20日以《总书记的牵挂：那条路通着 那个村富了》为标题首次发表。

同时，也迎来了经济转型发展的机会。地方政府借助灾后重建资金并整合新农村建设资金等多个国家扶持项目资金，集中投入那柯里村，打造茶马驿站那柯里的文化符号，借助那柯里独特的历史文化底蕴发展乡村特色旅游。在政府的规划下，在项目的实施下，在村民的参与下，那柯里村很快从一个传统农耕村落变成一个远近闻名的乡村特色旅游村落，成功地实现了那柯里村寨经济的转型。

# 第五章　"看得见的手"与茶马驿站那柯里

　　18 世纪，英国经济学家亚当·斯密发现了市场的秘密：当每个人在追求他自私自利的目标时，他好像被一只看不见的手去引导着实现公共福利的最大化，政府对自由竞争的任何干预都是有害的，政府在经济问题上只需要做一个无所作为的"守夜人"。① 这一理论一经问世很快就成为经济学理论基石，亚当·斯密也被尊称为"经济学之父"。市场万能论成为经济理论和国家政策的指挥棒。然而，20 世纪 30 年代的"大萧条"打破了市场万能的神话，经济学家进行理论反思之后得出了"市场失灵"的新认识，于是以凯恩斯为代表的政府经济学派应运而生，旨在解决不完全竞争、外部性、社会不公、经济波动等市场失灵带来的社会问题。政府这只"看得见的手"开始主动干预经济，或制定产业政策积极主导国家经济发展，或有限调节市场，熨平经济周期波动。

　　中国的现代化之路是以马克思主义为指导的，马克思政治经济学原理对资本主义的深刻批判和对社会主义的理想描述，为中国现代化道路的制度设计提供了指导性宏图，国家积极作用于经济发展的理念在新中国成立之初的"一五"计划成果中明显地体现出来：鞍山钢铁公司无缝钢管厂等三大工程、长春第一汽车制造厂、沈阳第一机床厂和飞机制造厂等投产；新建宝成、鹰厦等铁路，川藏、青藏、新藏公路相继通车，武汉长江大桥建成等。这些都是国家集中主要力量发展重工业和交通运输业的显著成就。之后城市中的国有企业改革、广大农村的集体化等，都体现了政府这

---

　　① 参见亚当·斯密《国民财富的性质和原因的研究》，郭大力、王亚南译，商务印书馆，1972 年。

只"看得见的手"在经济资源配置中所起的决定性作用。改革开放以后，在从"简政放权"到建设社会主义市场经济体制的一系列改革中，国家在经济领域的支配性作用逐步减弱，市场机制的力量在不断增强，改革开放40多年经济持续高速发展、人民生活水平快速提高，创造了世界经济奇迹。政府这只"看得见的手"越来越娴熟地作用于社会发展中，助推经济社会的发展。

"因路而生""因路而变"的那柯里，其最初的茶马古道是在云南各民族经济交往活动中自然形成的，在云南设行省特别是改土归流后，这条道路逐步纳入官道，成为国家道路的组成部分，国家意志与道路从此紧密联系在一起。新中国成立初期的昆洛公路的建设，使那柯里村旁的道路升级为现代公路，改革开放后修建的磨思公路和昆曼公路等，无一例外是在国家的计划和投资下建设起来的，体现着国家对边疆地区发展的决定性作用。

现代化进程往往以特殊的方式作用于边疆少数民族地区。在昆曼公路建成之后，因高速公路的封闭性，那柯里和道路的直接关联性大大降低，昔日红火的汽车旅馆和微型面包车客运经济几乎在一夜之间走向衰落。那柯里何去何从？市场是首要引导区域发展的力量。但是，边疆少数民族地区因其长期发展相对滞缓，存在着市场发育不够充分、资源配置不够灵敏的现实状况。在这种现状下，如果单纯依靠市场机制自发配置资源，无论在发展所需要的时间周期上，还是在发展所需要的量化积累的过程上，都远远无法满足边疆少数民族地区渴望快速发展的需求。

在那柯里的发展过程中，面对边疆少数民族地区渴望进入发展"快车道"的现实需求，地方政府用其"看得见的手"推动了它的发展：规划和制定了那柯里村经济转型为以茶马驿站那柯里为文化符号的乡村旅游经济，并且地方政府通过直接投资和实施规划等方式强有力地推进着那柯里的村寨经济转型。政府推动的效果十分明显，近年来那柯里村的变化非常大，经济转型成效显著。可以说，那柯里村民的新发展之路，无不渗透着国家的力量，无不彰显着政府的推动力。

## 第一节　景观设计与意义建构中的政府主导

发展乡村特色旅游，是改革开放以来云南旅游业不断创新发展的新亮点。云南各地都在极力挖掘地方特色，或以自然景观的独特性为其展示点，或以民族文化资源的差异性为其吸引点，或以当地历史文化的人文性为其挖掘点。

把那柯里定位为茶马驿站发展乡村旅游，是由宁洱县旅游局牵头、有关职能部门共同研究确定的方案，它以地方性历史文化资源作为发展旅游的空间场域和文化符号，应该说这个定位是准确的，也是具有市场眼光的。

那柯里村，曾经有一条茶马古道穿过，是马帮停歇的一个小驿站，今天将其命名为茶马驿站。它的确以实体的方式存在于历史之中，但今天那条铺着鹅卵石、印着马蹄痕的马帮古道和那间古老的荣发马店，已悄然退出了人们的社会生活，成为历史遗迹。如今重新将那柯里村定义为茶马驿站，并非追溯其实体的续存性，而是将其作为一种文化符号来理解和呈现。因此，今天无论是茶马古道还是茶马驿站，其所指的不是它的实体部分，而是它承载着的历史记忆，以及族群相互交往的社会经验与情感体验。它是无形之道路和无形之驿站。宁洱县旅游局可谓匠心独具，它通过将人们观念上的无形之路，与昆曼公路这条有形之路有机地衔接起来，使那柯里再次具备路边村寨的区位条件，为那柯里村民生计转型提供了平台。

### 一　重构历史记忆与利用传统

汤普森指出，文化体现于象征形式（包括行动、语言和各种有意义的物品）中的意义形式，人们依靠它相互交流并形成一些经验、概念与信仰。① 文化创造是人类特有的社会现象，人类生活在自己编织的意义之网中，而意义不存在于事物之中，它是被构造的、被产生的，它来自实践，

---

① 约翰·汤普森：《意识形态与现代文化》，高铦译，译林出版社，2005年，第146页。

**图 5 - 1 那柯里村的寨门**

图片来源：苏祺涵拍摄。

即一种产生意义，使事物具有意义的实践。①

如何建构意义？那柯里村的旅游规划设计者们在对村寨自然景观改造的过程中，将古道、驿站、马帮活动等历史遗迹和社会生活场景以复原等方式进行符号化建构，使自然景观人文化，使其产生具有历史感的旅游审美效果，从而吸引外地游客进入。

以地方政府为主导打造那柯里历史文化，宁洱县旅游局、同心镇政府等机构做了大量的工作。中国古代在建构地域过程文化中，有"八景"历史地理文化书写模式。宁洱县内的历史文献中也记载有"普阳八景"。为此，那柯里的景观被建构为那柯里八景，其目的是增加景观的历史文化韵味。设计者对每一个景点进行了历史文化追溯和文化建构，有些文化元素是真实的，如"古驿马鸣""鸟道茶香"等景点。

古驿马鸣：古道悠长、关山难渡。散布在古道的马店是每个马帮临时的家。明清时期，那柯里的马店有四五家，每天能接待 50 多人，300 多匹马。

荣发马店始建于 1831 年，至今有近 200 年的历史，马店是茶马古

---

① 斯图尔特·霍尔编《表征——文化表象与意指实践》，徐亮、陆兴华译，商务印书馆，2003 年，第 24 页。

道上的重要驿站之一，是茶马古道沿线保存较为完好的驿站，也是一座沿用至今的历史博物馆。店门口的"关山难越谁为主，萍水相逢我做东"对联，既体现了古道前行的艰难，也道出了那柯里人的淳朴好客。

鸟道茶香：明清时期，以普洱府为发端，茶马古道向四面八方延伸，源源不断地运出普洱茶，过往马帮在古道上留下无数深深的蹄印。它厚重的历史文化积淀，成了一本活的历史教科书。

有些景点的文化元素则是虚构的，如"马跃雁溪"和"百年同心"的故事，情节离奇，有一定的吸引力。但是问及村民是否听过这两个故事的传说时，村民都加以否认。

马跃雁溪：马跳石原本是那柯里河上的一个断崖。在很久以前，两个大户人家的小姐被土匪追逐，紧急时刻，一匹千里马鹿驹带着她们跳过了断崖，脱离了险境，马跳石因此得名。

在这之后，马跳石就成了检验马优劣的试马石。买马前，人们把马牵到马跳石上检验，能跳过去的为骏马，否则为劣马。而骏马又被分为三等：能驮着两人越过的为一等，能驮着一人越过的为二等，只能马自己越过的为三等。

百年同心：很久以前，一位将军在那柯里找到了传说已久的马鹿驹，并得到一个富家小姐的青睐，抱得美人归。心生嫉妒的马锅头为加害他，就对土匪头领说将军带有很多黄金，土匪头领就率领众土匪来到荣发马店准备抢夺。将军寡不敌众，只好带着新婚妻子骑上马鹿驹，跳过马跳石，逃过了土匪的追击，到了古榕树旁，将黄金藏在树下。

土匪头领知道后，率领土匪到大榕树下开始掘宝。这时，忽然狂风大作，暴雨倾盆，土匪们吓得魂飞魄散，但为了黄金他们仍然继续挖掘。忽然一段巨大的榕树干从天而降，当场砸死了几个土匪，剩下的土匪吓得屁滚尿流，四处逃散，从此再也不敢来盗宝。

这次风波后，其中一棵古榕树枯死了，其他的古榕树也渐渐变黄，慢慢枯萎。那柯里村寨人越来越少，田地渐渐荒芜，兴盛一时的那柯里村眼看就要没落了。

一个游方道士经过这里，算出了玄机。他让村民用土做了一棵假树，在树上挂了一颗石心，再在河上修一座桥，念了七七四十九天经文之后，千年古榕树渐渐恢复了生机。后来道士道出了玄机：这两棵古榕树原本是一对夫妻树，因为一方去世使得另一方伤心欲绝，生命也慢慢地衰竭。雕一泥树，还它一颗心，给它一个魂，再搭一座连心桥让天地永隔的两颗心紧紧相连，坚如磐石，爱心永不离。

虚虚实实，真真假假，或是对历史的提取，或是对传统的再造，都是满足今天打造茶马驿站那柯里文化符号的需要。正如霍布斯鲍姆在《传统的发明》中启示我们的，其实我们所谓的传统既是历史的也是人为的，它是一整套与过去存在延续性并且被大众所接受的具有一定象征意义的价值观念、服饰、仪式等，只要有可能，这些象征性的文化承载符号就会试图通过某种强制性建立起与过去的联系。① 社会变迁表面上似是淘汰"过去"、创造"现在"的一个过程，但实质上，我们又不得不承认，"现在"的创造总是要立足于"过去"，只有这样才能为自身赢得某种合法性的存在。

## 二 历史记忆的文化再生产

德国学者简·阿斯曼指出，文化记忆是"每个社会和每个时代所特有的重新使用的全部文字材料、图片和礼仪仪式的总和，它是在有意识地跟过去打交道，而且是有意识地或至少是有意识能力地与过去进行沟通，并赋予过去以形式"。②

在那柯里村寨的亭台楼阁、小桥流水之处，有不少对联，如在南北寨

---

① 霍布斯鲍姆编《传统的发明》，顾杭、庞冠群译，译林出版社，2004 年，第 1~17 页。
② 转引自哈拉尔德·韦尔策编《社会记忆：历史·回忆·传承》，李斌、王立军、白锡珺译，北京大学出版社，2007 年，第 16 页。

门上有楹联:"驿站千年惟数那柯里,人间百味独夸普洱茶""马帮驿站留神韵,古道普洱载史诗"。在水车碾坊、小亭子上有"处处茶马,茶马当年,途径古道行天下;小山古道,古道如今,凭借茶马在人间""普洱名茶贡帝京,深山路险鸟蝉鸣;千秋马道蹄飞远,老店风桥水有情"等楹联。这是当地旅游部门为了打造那柯里旅游区,请文人墨客来进行专题创作的成果。这些楹联刻在那柯里各景点上,呈现给游客以历史的"真实感",展示了村寨独有的"传统"文化,强化了那柯里茶马驿站这一文化符号。不仅如此,政府通过重新修建"风雨桥"、重挂荣发马店招牌、修建茶马古道博物馆等方式,不断对村民的历史记忆进行"外在唤起",从而强烈地形塑着那柯里村民的集体记忆。

那柯里作为马帮古道上的一个驿站,村民的生计与这条古道密切相关,早期的那柯里人或开马店,或以务农为生。村里上了年纪的老人对于20世纪50年代以前村寨里来往马帮的情景仍记忆犹新。但是随着公路时代的到来,马帮逐渐消失,这些记忆也随着现代社会的发展而归于沉寂。有老人提到,如果没有地震之后政府的规划重建,村寨马帮驿站的历史很少会有人记得了。记忆往往具有一定的功利性,历史记忆之所以能够传承和延续,是因为它对个人或集体有着具体的意义,人们关注的并不总是过去真实发生的历史事件,而是历史对于现在而言意味着什么。"人们在记忆中唤醒过去,也在记忆中遗忘过去。记忆存在于人们处理过去和现在关系的过程中,它曲折且隐晦地反映着现实的需要,从而被想象、虚构、叙事和重组。"[①] 可以说,现代化的时代需求提供了形塑地方历史记忆的契机。

针对茶马驿站而进行的政府规划和改造重新唤起了村民对于马帮时代的历史记忆,年轻一代的村民更是自觉地了解和学习茶马古道时期的历史,政府对那柯里历史的书写在一定程度上是服务社会经济发展需要而进行的"想象"和"建构",是一种基于那柯里历史记忆的文化再生产,本质上是对地方性知识的建构和再造。正如费孝通先生所言,民族文化的功能会随着社会的发展而不断变迁,"从满足这种需要转而去满足

---

① 高源:《读〈社会如何记忆〉》,《西北民族研究》2007年第2期。

**图 5 - 1 那柯里的茶马古道**

图片来源：苏祺涵拍摄。

另一种需要，而且一时失去功能的文物、制度也可以在另一时又起作用，重又复活"①。

## 三 政府的作用

在上面所提到的那柯里景观中，传统复原的景观主要有茶马古道、风雨桥、荣发马店，这些是那柯里景观中的核心部分。茶马古道采取修复性

---

① 费孝通：《江村经济——中国农民的生活》，商务印书馆，2001 年，第 335 页。

保护措施，基本上保存古道遗迹原貌，村民不定期对古道周边疯长的野草进行铲除修剪，古道保存较为完好。可以说，要看那柯里村茶马驿站的历史，古道是必不可少的景观。有意思的是，来那柯里旅游的游客中，有90%的人对古道毫无兴趣，村口边拾级可走的古道很少有人会去走一走。村民似乎也不是很重视这条古道，当笔者提出要去走一走古道时，村民立刻劝阻，或是"这两天下雨，路滑，不安全"，或是"路边野草太多，都把道路遮挡了，走不了"。真正的历史景观并没有太多的人感兴趣，人们感兴趣的所谓历史，只是被包装成快餐的文化消费品。

传统发明式的景点构成丰富了那柯里的主要旅游景点，如大水车、碾子房、同心桥等。这些景观在那柯里的村寨历史中从未存在过，但是这些景观被想象成乡村风景的组成部分。当这类景观出现在村寨里，它们又十分醒目地散发着时尚与现代的特色，于是它们便成为"传统"加"时尚"的符号，依靠自身的文艺因素成为供人们歇脚的休闲胜地。正如有的学者所说："自然美固然有着永久的魅力，但是人文精神的注入必然使得自然美具有了更深远的意蕴。""正是摆脱了日常烦琐的平淡生活，进入一个全新的异文化之中，将富有个性的景物注入历史积淀的情感，旅游中的审美才超越了平淡化。"①

把那柯里打造成为茶马驿站这一设想，是县政府和县旅游局共同提出的。那柯里村的景观设计过程是县旅游局通过招标由一家来自省城的项目规划公司形成方案，经专家论证通过之后，再进入施工程序，由纸上蓝图变成现实的旅游景观。从这一过程来看，那柯里发展旅游村寨的最重要环节——景观设计和意义建构的直接推手是政府，政府这只"看得见的手"主导了那柯里村的经济转型和文化符号建构。

## 第二节　茶马驿站建设中的政府

把那柯里打造成乡村特色旅游村寨的契机是"6·3"地震后的灾后重

---

① 马翀伟、陈庆德：《民族文化资本化》，人民出版社，2004年，第92页。

建。灾区获得了来自上级政府的灾后重建资金，对于长期以来财政困难的宁洱县而言，可谓雪中送炭。那柯里成为旅游村寨的规划借助灾后重建资金启动了。

## 一 持续推进的茶马驿站建设项目

那柯里茶马驿站一期工程建设资金主要就是灾后重建资金。宁洱地震发生在 2007 年 6 月 3 日，地震之后灾区的灾后重建工作随之推进，那柯里旅游景点的建设也快速启动进入实施阶段。从《那柯里茶马驿站建设情况报告》[①] 可以了解到，那柯里一期基础工程和旅游项目建设累计投入资金 1854.4 万元，完成民房、村内基础设施、茶马古道、河道自然景观、穿寨茶马古道、古道陈列馆、洗马台、碾碓房、旅游厕所等 17 个旅游景点和基础设施的建设和修复。这些工程到 2008 年上半年就已经全部完成，并开始对外接待旅游者。2008 年 11 月时任国家副主席的习近平来宁洱县那柯里视察灾区恢复重建工作，看望慰问灾区各族人民。

2010 年 9 月，那柯里村启动了茶马驿站旅游二期开发项目的附属工程，投入 710 万元资金，新建了人行栈桥、风雨桥、水车等 5 个景点。地方政府还投资 300 万元，对那柯里驿站核心区 42 户民房进行了特色化改造。与此同时，县旅游局聘请专业机构，对那柯里的旅游景区进行了二期规划，二期规划项目名为"宁洱县那柯里茶马驿站风情谷"，投资预算为 8377.78 万元。2012 年二期规划项目中的子项目"茶马驿站普洱艺术村"启动并成功引进了知名艺术家和普洱学院版画工作室，其他景点提升型项目也陆续建成，并投入运营。

## 二 高速公路那柯里服务区的建设

2011 年 4 月，昆曼公路磨思段竣工通车，高速公路封闭运营影响了那柯里村的客流。随着那柯里旅游经济的深度开发，以适当的方式引流昆曼公路上的客流到那柯里停歇、吃饭和参观，成为那柯里村民的强烈诉求。

---

① 《那柯里茶马驿站建设情况报告》，宁洱县政府提供，2010 年。

除了普通村民，村委会、同心乡政府以及县政府的有关职能部门也都加入了提出诉求的队伍之中。宁洱县政府、交通局等相关部门通过各种途径，不断向省交通部门提出在那柯里高速公路上开一出口的请求。在村民和地方政府持续多年的努力下，2018 年 4 月，昆曼公路那柯里停车区终于破土施工。

2018 年 8 月，我们课题组第四次到那柯里调查，正好赶上项目施工。我们走访了那柯里停车区的施工工地，从现场项目公示牌了解到项目相关信息：项目名称为云南磨思高速公路服务区新建和改扩建工程项目土建及沿线建筑设施施工 3 标段（那柯里停车区）；项目工程总用地面积 28767 平方米，总建筑面积 1258 平方米，容积率 0.043，绿化率 21%，工程造价 58075628 元；建设单位是云南大昭高速公路投资开发有限公司，施工单位是云南建投第十七建设有限公司，设计单位是四川省交通运输厅公路规划勘察设计研究院，监理单位是云南元土工程监理有限公司。那柯里出口工程总算是落地实施了，然而与多数人预想的不同的是，项目建设的只是停车区，而不是能够上下高速公路的出口，其功能只类似于高速公路上的服务区。

据村民们介绍，早在磨思公路施工期间（2008—2011 年），那柯里和地方政府就进行过努力，希望在那柯里开一个出口。但因为距离同心乡出口过近（约 5 公里），国家政策规定两个出口之间不能小于 10 公里，因此在那柯里设置出口的请求被否定。但是多年来，村里、镇上、县里和市里都在积极争取，没有放弃。省交通部门最后同意在那柯里设置一个停车区，即在高速公路边规划出一块地，供车辆停靠和旅客休息，车辆只能待在停车区里面，停车区的旅客则可通过一个连接村寨的栈道到达那柯里村游玩和吃饭。

在村民们看来，推动这一工程实施的因素有很多，主要是政府部门利用了扶贫话语获得的支持。村民们说，高速路开口的问题，村里、镇里面做不了主，县里、市里也做不了主，只能由省里协调高速公路方来定方案和施工。最后，省里决定在那柯里开设停车区，项目建设资金由省财政拨付。村民们特别强调，那柯里停车区是以扶贫开发的思路进行投资建设的。

综合以上情况，"国家在场"在那柯里停车区项目建设中体现得淋漓尽致。它是一个带有极强政治意义的工程。该工程的最终实施，是在各级领导和相关部门的支持下，利用了扶贫开发的政治话语。创造性地在高速公路边建了个停车区，搭建栈道将停车区与那柯里村连接，再次将那柯里村变成路边村寨。

### 三　村落改造中的政府投资

"每一种文化的存在都依赖于对生活意义的发明和传播，每一种秩序的存在都依赖于对要超越的强烈欲望的操纵：这种欲望所产生的能量一旦转化为资本，便可能以很多不同的方式得以使用。"[1] 为了将那柯里打造为特色旅游村寨，地方政府整合各种项目资金投入那柯里，在兴建旅游景点、对村落民居和居住环境改造以及旅游推介等方面都投入了大量资金。

前面讨论到，20世纪80年代的那柯里村民领改革开放风气之先，率先在公路边开起了汽车旅馆，其中有许多成为当时第一批富起来的"万元户"。90年代磨思公路的建成，进一步刺激了那柯里汽车旅馆和微型面包车客运经济。那柯里是宁洱县乡村中先富起来的村寨，拥有最早进行房屋改建的一批村民。新式的水泥平顶房较传统房屋在透光通风、空间功能、美观实用等方面都有很大改进，成为乡村时尚和现代的标志。

但是，茶马驿站旅游村寨的市场定位，要求村民抛弃现代、回归传统，重现传统村落景观。县政府利用地震恢复重建的机会，要求村寨里所有恢复重建的民房，必须按照县政府统一的建筑图纸进行建盖。如果不按统一要求建房，政府就不提供恢复重建的建房补贴，建房补贴是每户5万元。这对于村民而言是一笔不小的资金，没有村民不愿意获得这笔资金。大多数民房不需要新建，只需要进行必要的维修即可。与此同时，政府出资聘请专业施工队伍，对村寨民居外墙进行土坯化处理，即在砖墙或水泥墙的墙体上涂抹上一层泥浆，装饰成土坯房。在这些改造中，政府采用了较有吸引力的经济激励手段，在一定程度上化解了村落改造可能带来的抵

---

① 齐格蒙特·鲍曼《个体化社会》，范详涛译，上海三联书店，2002年，第6页。

制问题。

政府还对村民的民居建筑门窗进行改造，尤其是对公路边开农家乐和客栈的农户，政府提供补贴要求他们将门窗改造成仿古木门木窗，要求样式统一、门窗雕花一致，保持美观。据 2017 年村委会主任提供的情况，村寨民居仿古窗户改造从 2016 年开始，每平方米补贴 400 元，他家是自己请工做的，成本是 600 元一平方米，总共花费 16 万元，除了政府的补贴自己还花费了 7 万多元。2017 年 8 月我们在那柯里调查时，公路边一家农家乐正在着手进行房屋的扩建和装修。老板说，他们之所以改造民房，是为了响应宁洱县发展民宿的号召，按当时民宿补助政策，民宿房间数达到 10 间便可获得 50 万元的政府补助，十分可观。访谈时，他指着一楼的几扇雕花木门和二楼以上各楼层的仿古木窗对我们说，这都是政府免费提供安装的。

在另一家客栈兼民居的院落里，我们看到房屋的窗户总共有三层，内层是玻璃窗户，中间是铝合金防盗笼，外层是按政府要求新安装的木质镂空窗户。据村民介绍，政府要求统一改造门窗，不按政府要求改造的农户可能会失去经营民宿客栈的资格。

2016 年 12 月 20 日，那柯里村民委员会颁布了《那柯里茶马驿站住户公约》，其中的《城建管理公约》内容如下。

1. 那柯里茶马驿站的修建活动应当按照保护规划进行，保持原有的总体布局、形式、风格和风貌。

2. 凡属于景区内的民居建筑，无论改建或翻新都必须办理报批手续，纳入统一管理的范畴，报批程序如下：①户主提交申请书，填写同心镇那柯里茶马驿站民居修缮申请表（附土地证复印件及房屋修缮设计图纸）；②征求四邻具体意见及签章；③申请书及同心镇那柯里茶马驿站民居修缮申请表签署居民小组意见；④村委会审核意见；⑤那柯里茶马驿站管理服务中心审核意见；⑥镇规划中心审核意见；⑦县规划局审批意见。

3. 景区内住户进行房屋、设施整修和功能配置调整时，外观必须保持原状，不得建设风貌与驿站功能、性质无直接关系的设施，确需改建、新建的建筑物，其性质、体量、高度、色彩及形式应当与相邻部位的风貌一致。

4. 未经村委会及镇人民政府批准，那柯里茶马驿站中的建（构）筑物不得擅自修缮、改造。严禁新建钢混结构、空心砖、石棉瓦、钢制门窗、铝合金门窗、大面积玻璃门窗等影响驿站整体风貌的建（构）筑物；禁止乱搭建观景平台、阳光棚、露天钢制楼梯，严禁拆墙开店、用现代材料装潢。

5. 进行维修、修缮民居建筑物时，必须文明施工，建筑材料必须定时拉运，在指定地点有序堆放，严禁建筑材料堆放在路边，施工场地应当设置安全标志和护栏。

6. 驿站内的电力、电信、有线电视、供排水和消防等公益性基础设施，用户不得随意接入，确需接入需要开挖的，应当提出开挖和恢复方案，向驿站管理机构提出申请，经批准后方可实施。

《城建管理公约》约束了村民对自有住房建造和装修的自主性，要求民居建筑必须符合乡村旅游规划的整体性原则。村寨环境整治也是打造那柯里旅游村的一个重要方面。政府强有力地推进了村寨环境整治，其中一个重要的方面就是不允许村民在自家院子里养猪、养狗、养鸡。2009 年，政府在村北统一规划建盖了一片集体猪圈，每家分到一间猪圈。笔者在调查的时候，发现统一规划的猪圈大多数空着，只有一两间猪圈里饲养着猪。问村民原因，村民说此猪圈位于背阴处，阳光照不到，猪容易生病。此外，猪圈建在村外，距离大多数村民房屋有较远的距离，村民饲养管理很不方便，故大多数人家都逐渐放弃养猪。在政府的环境整治要求下，村民们也放弃了在家里养狗、养鸡的习惯。

总之，茶马驿站那柯里村的旅游经济发展从无到有，从有到大，无不渗透着地方政府的巨大努力，从旅游定位、规划设计、投资建设和村落改造等方面，通过国家投资的方式，用财政的力量推动其尽快实现村寨经济的转型。

## 第三节　政府主导旅游开发对社区的影响

在政府巨资投入之下，那柯里村旅游硬件设施建设推进迅速，一个崭新的旅游村寨很快就具备了接待游客的条件，并且不断完善。我们课题组自从 2014 年开始关注这个村落以来，几乎每年都安排成员到村寨开展田野工作。每次我们到达那柯里，村寨都以不同的面孔迎接我们，或是添加了新景观，或是增加了新客栈，或是建起了新的旅游项目，让我们真切地感受到那柯里朝气蓬勃的发展势头。

在这一切变化中，给我们印象最深的，还是政府的影响无处不在。比如，走在那柯里村，你会看到村民家门口或种着几株含苞欲放的玫瑰，或栽着一行盛开的太阳花；村民的外墙窗台上或挂着一串吊兰，或摆着一盆绿萝。这些房前屋后的花花草草，与村寨的小桥流水相映成趣，颇有韵味。你正要感慨现在乡下农民的生活质量和审美情趣大有进步，坐在大门口的大妈会告诉你这些花花草草是政府要求他们种的。

在那柯里村的调查中，我们也深刻感受到村民们对代表政府的"干部"们的重视。他们总是积极地向"干部"们表示友好。如过年吃杀猪饭是那柯里的风俗，每年进入腊月就有村民开始杀猪请亲朋好友一起吃饭。这种广邀朋友、联络感情的做法十分有意思，大家一起吃喝、增进感情、认识新朋友、稳固社交关系。主人通过这种方式一方面稳定了社交关系，另一方面展示了自己的人脉和经济能力，二者常常是挂钩的。在旅游经济发展起来的这些年，那柯里的村民在请吃杀猪饭时，在请村里的亲戚和朋友一起聚餐的同时，还会打电话邀请自己熟悉的乡里的干部或县里的干部一起来参加。

但是，在政府主导的村寨旅游开发过程中，政府资源不可能平衡地配置给所有村民。对于以景观和空间为依托的旅游经济来说，村民所居住的空间位置不同，所接收的旅游辐射程度不同，所进行的旅游开发强度不同，必然会影响政府对个体的扶持力度。村民之间、邻里之间、兄弟之间往往会因为一些与经济利益有关的小事而产生矛盾，昔日熟人社会中其乐融融、守望相助的乡村社会生态逐渐发生了改变。

## 一 杀猪饭"风波"

2014 年初,笔者带学生第一次到那柯里做田野调查,由笔者在县政府工作的朋友帮笔者安排进入那柯里调查的相关事宜。我们一行人跟随着笔者的那位朋友以及几位干部来到同心镇某农户家里,他家正好在吃杀猪饭,村里不少村民都在他家。主人热情地招呼我们一起吃饭,吃饭喝酒之间,县乡领导们和村民们就热烈地讨论起村里旅游开发的事情来,内容大概是县乡领导们动员村民们积极参与旅游开发,村民们很不愿意,对政府以强力推进的旅游开发和经济转型,持反对甚至反抗态度。当时参与调查的一个同学在其田野日记中有如下记录:

> 今天晚上喝酒的一个有意思的地方是,一些村民在和县里领导喝酒的时候,都纷纷诉苦,内容听不甚清楚,大概是反对旅游开发之意。村民借着酒兴,说话间十分激动,甚至会有很激烈的民意表达。然而,这并不代表所有村民的意思,村民中也有很支持政府开发的,我同桌的一位老人就一直在说那些人短视,不知道政府的良苦用心,反而恩将仇报,这样永远都搞不成发展。
>
> 回来的路上,和乡里工作队李阿姨聊起,她说这个村子的工作格外难做,主要是利益分配的问题。比如征地补偿问题,有些人家被征的土地位置好一些,有些人家差一些。可土地位置差一些的人家就很难理解为什么他们拿到的补偿款会比位置好的人家少,他们认为既然都是一样大的面积,就应该补偿一样的价格。[①]

这是 2014 年我们调查组初次到达那柯里时的情形,本书用"风波"来进行描述并不确切,但是,村民对政府方面的旅游开发的抗拒与合作,在这一顿不期而遇的杀猪饭桌上表现得淋漓尽致。从这一小事可以看到,

---

① 云南大学硕士研究生高孟然田野日记,2015 年 1 月 15 日。

县乡领导积极推进旅游开发的愿望十分强烈，希望村民配合开发的目标非常明确。但是，在旅游开发的早期阶段所遇到的阻力也是很大的，这其中有村民面对生计转型的保守观望、缺乏安全感的焦虑，还有因为旅游开发中经济利益的调整所产生的种种矛盾。

而今天，随着旅游经济的发展，曾经那些极力抵制开发的人开始后悔了。当时政府要在村寨里修环形旅游线路，需要他们家里让出一点宅基地，他们坚决抵制，道路只好改道而走；而今天，他们却成为为数不多的没有临街商店或饭店的人家，失去了做生意的机会。

## 二 "暴发户"荣发马店

在以茶马驿站为文化符号开发旅游的那柯里，荣发马店必然是马帮时代的一个标志、一个符号。失去荣发马店这一文化遗产，茶马驿站就失去了灵魂。旅游开发的主导者显然十分清楚荣发马店的经济价值和文化价值。位于李天林家荣发马店旁边的古道陈列馆，是由政府出资建设、由李家负责管理的。展柜上面陈列着马鞍、马镫、马铃等马帮时代的物件，还有草帽、竹篮、簸箕等马帮时代的生活用具。长木凳、四方桌、太师椅等老物件，几乎都是由政府出资从各处古玩市场收集来的。墙上悬挂的照片，展示着习近平总书记 2008 年在荣发马店院子中召开群众座谈会的情况，各级领导到陈列馆来参观、到那柯里村举办活动的情景，以及对荣发马店历史的介绍，等等。

因荣发马店是茶马驿站那柯里旅游景区的标志性文化符号，政府部门组织的很多活动都在李天林家的场院开展。一些小型的庆典活动，也多安排在荣发马店举办；一些受邀请而来的影视团队，也多以荣发马店为外景拍摄地。成为外界聚焦点的荣发马店，为李天林两个儿子经营的餐厅带来了源源不断的客流，特别是外地游客，很多人慕名而来，在荣发马店吃马帮菜成为网红打卡项目。

于是，荣发马店李天林家被那柯里村民一致认为是旅游开发中最大的受益者，甚至有村民认为这是借茶马驿站的名头、完全由政府扶持起来的"暴发户"，颇有些愤愤不平。在那柯里旅游开发的早期，村民的这种情绪

**图 5 - 2 那柯里的地标性建筑——荣发马店**

图片来源：苏祺涵拍摄。

体现得较为突出。近些年来，随着旅游经济的发展，那柯里家家开饭店、户户做旅游生意，大家各显神通，都在旅游开发中获得了收益，这种情绪已逐渐消散。

### 三 "富人区"

与荣发马店际遇相似的，还有被那柯里村民戏称为处于"富人区"的五户村民。

"富人区"位于那柯里村村北，这里已经是村寨边缘之地，靠近磨思公路。2012 年以前，这块土地上并没有民房，是那柯里仅存不多的稻田种植区。那柯里旅游开发二期工程启动时，由于"艺术村"建设的需要，居住在那柯里村南边半山腰和沿溪河周边的几户农户被政府要求搬迁。当时，政府征用了村寨农田中的一部分土地用于安置搬迁户。政府先进行了平整和三通（通水、通电、通路），之后划出宅基地块，以抽签的方式提供给搬迁户，动员这五户村民搬迁到此。

2017 年的田野日记记录了我们当时对这五户搬迁户的有关调查情况。

> 赵家说他们家搬过来只有两三年，原本住在村里风雨桥顺河往上，距离村子核心区有些距离。因位于"艺术村"规划区内，他家被要求搬迁，被重新划拨了现在的土地，建起了现在的房子。
>
> 和赵家比邻而居的杨家也如此。政府除给他们划拨了这块原本属于农田的土地外，还对原来的房子按照土地面积进行了补偿，杨家获得了 30 多万元的补偿。此外作为经营客栈的奖励，一次性发放了 3 万元。杨家新建房屋花了 60 多万元，资金来源分别是政府补偿的 33 万元、向亲戚朋友借的 10 多万元、向银行贷款的 10 多万元，自家解决了剩余的钱。①

这五户搬迁户都获得了 30 多万元的补偿。政府给予搬迁补偿的一个重要条件是必须经营餐饮住宿，每户人家都必须至少有两间客房可供客人住宿，新房装修也必须按照那柯里旅游规划的统一标准。为了鼓励这五户农户经营客栈，以及对农户进行标准客房服务示范，政府还为每一户搬迁户以实物的形式提供两个标准间的床上用品。2017 年 8 月，我们进行调查时，师生们就分散住在这几家农户的小客栈中。

在其他村民看来，这五户家庭不仅获得了征地款、建房款，政府还把现在房屋所在的土地买好、地基打好，等于他们占了国家很大的便宜。因此，村民们就称他们这一片区为"富人区"，还常常带着酸溜溜的口吻说

---

① 云南大学博士研究生项露林田野日记，2017 年 7 月 25 日。

你们"富人区"如何如何之类的话。

我们访谈了生活在"富人区"的一个大姐，她对"富人区"的说法不赞同："什么'富人区'！我们好好住在半山上，非要我们搬迁到这里。政府补助的30多万元根本不够盖房子，我们东拼西凑几万元，还不够，又向信用社借了10多万元，才把房子盖起来。我现在还欠着一屁股债。如果不搬迁，我才不用欠债呢。"90多岁的李奶奶对搬迁也是一脸无奈："我家原来那个老宅好啊，每天早上起来太阳就照进来了，抬头一望，到处是青山绿水。往下看，整个村寨都在眼皮底下。现在我们窝在这块洼地里，太阳要到下午四点才能照到，一会儿就没有了。眼睛向外看什么也看不到（指房屋视野不好）。住在这村子边边上，我去村里看我的老姐妹们都走不动，我天天待在这里好孤独。"

在村民看来，荣发马店主人和"富人区"是那柯里旅游开发最大的受益者，他们坐享地方政府进行旅游开发的红利，不需努力便实现了"一夜暴富"。显然，村民们并没有意识到，如果没有荣发马店这一招牌，那柯里茶马驿站就失去了它的符号意义，那柯里的旅游经济发展就失去了它赖以支撑的历史文化底蕴。如果没有包括搬迁村民、进行景区建设的政府一揽子旅游开发规划的实施，那柯里的旅游经济发展怎么可能有现在这样繁荣的光景？没有游客，村民们开的农家乐、烧烤店、糍粑小吃点、烤红薯摊、儿童手工DIY店、制茶体验店等，又如何能够生意兴隆、热热闹闹？

政府旅游开发的资源配置不可能实现全村人雨露均沾，但是旅游开发带来的经济效应和社会效应是所有人都能够享受到的。即便是完全不参与农家乐、民宿、小吃店等旅游经营活动，对于仍然坚持每天早出晚归、经营着几亩茶园的农户而言，他们采摘回来的茶，也不再需要像过去那样完全被外地茶商低价收购。他们加工出来的茶，有一部分以零售的方式被来那柯里旅游的游客购买，其价格高出茶商收购价的两三倍，他们也分享了旅游经济带来的红利。

## 第四节  与旅游经济并行的茶园经济

日益火爆的那柯里乡村旅游，为村寨带来了新的景观和热闹气氛，更为村民带来了可观的经济收入。经营农家乐的饭店门口，经常停满了汽车，使空间十分狭窄的那柯里村更显拥挤。花街走廊的摊位，优先出租给住房不靠近路边的村民做经营，这些摊位，或摆着各种农特产品，或经营凉粉小吃，或卖木瓜水、鲜榨果汁，等等。沿旅游环线的农户家家开门纳客，或开民俗店，或经营茶室，或主营马帮菜招揽客人，或在门口卖粑粑。总之，村民们各显身手，都努力在旅游经济中分得一杯羹。下面是武婷婷同学的田野日记中的记录：

> 今天是个大晴天，连绵的阴雨终于停了，我们的心情也变得更好了。吃完早餐后，我们就坐在平常吃饭的地方对面的一个小吃摊，和老板娘闲聊起来。老板娘有三个儿女，最大的儿子已经 19 岁了，在普洱学开挖机；另外两个儿女是一对龙凤胎，才刚刚准备上幼儿园。我打趣地问她："是不是生活条件好了，想着生二胎，没想到来了一对龙凤胎？"她哈哈大笑起来，不过也确实是因为生活条件变好了。

> 她和她老公在那柯里村寨门口租了一个小吃摊，一年租金在 3000 元左右。我问她还做不做别的农业，她摇了摇头："以前还种一点茶叶，现在都不搞了，全部精力就在这个小吃摊了。"她告诉我，他们家在这里摆摊有一年多了，没摆摊之前都是靠采茶为生，一年的收入也就 2 万到 3 万元。现在这个小吃摊，淡季每天的收入都在 100 元左右；到了节假日，特别是过年的时候，每天的收入都在 1000 元以上了。"这都感谢那柯里政府发展旅游，我们才能赚到这么多钱。"她笑着说。①

但是，完全转型做旅游经济的农户并不多，只有几家开农家乐和民俗旅店、经营规模比较大的农户全面转型，不再从事农业经营。大多数农户仍然维持着承包地的农业生产。据同心镇政府领导介绍，2017 年那柯里行政村 15 个村民小组，总人口为 1704 人，劳动人口 1371 人。土地面积 26.5

---

① 云南大学博士研究生武婷婷田野日记，2017 年 7 月 26 日。

平方公里，耕地面积 3558 亩，茶叶面积 4392 亩，产量 102 吨，产值 448 万元。粮食种植面积 4668 亩，产量 964 吨，夏粮 2695 亩。由此可见，那柯里行政村的村民多数还是以农业生产经营为主，旅游经济的受益者主要是那柯里小组的村民。即便如此，那柯里小组的大部分村民也仍然不愿意放弃自己的承包地，而是将土地利用方式进行转变，从传统玉米、豌豆等粮食作物种植改为以茶叶种植为主。

那柯里的茶叶种植是在 2007 年前后发展起来的。当时那柯里的旅游经济还没有开发，那柯里的旅游经济是在 2007 年"6·3"大地震后恢复重建过程中才开始启动的。那柯里的茶叶种植转向受到了市场的影响。进入新千年以来，普洱市大力发展普洱茶经济，普洱茶产业获得了快速发展，特别是在市场销售方面。2005 年以来，普洱茶的鲜茶价格不断上涨，早已突破了原来 4—5 元/公斤的价格，特别是 2007 年鲜茶采购价格再创新高，一下子飙升到 20 多元/公斤。市场价格的上涨极大地激发了农民种茶的生产积极性，就在那一阶段那柯里村的大部分农户把原来种植玉米和林果的土地转向了种植茶叶。

几年后，价格疯狂飙升的普洱茶市场开始回落，逐步走向正常。鲜茶的收购价已经回落到 8—12 元/公斤的范围。对于那柯里村民而言，这个价格不算高，但是一个投入少却能获得可持续收益的营生。因为茶苗种下去第三年就可以采摘，可以采摘十年以上。茶园的管理也相对简单，一年只需要施肥三次、清理杂草一两次、修剪一次。那柯里属于亚热带气候，光热降雨条件都很适宜茶叶生长，每年清明节前后开始采茶，一直可以采到 11 月。采到的鲜茶有茶叶加工老板来收购，茶叶收购价虽然不高，但是对于茶农而言，每天只要出门采茶，至少也有一两百元的收入，这个收入是一手交钱一手交货的实实在在的收入。

调查组成员沈学政老师记录了她和同学们跟随农户到茶山采茶的过程，从这些日常生产劳作中，我们可以看到茶叶经济在那柯里村民生活中的不可或缺性：

14 点，雨停了，大姐背起背篓，和儿子一起出发去茶山采茶，我们调查组的 3 个人也跟着一起去。穿过马帮菜、碾子房，走到艺术村的后山路，就走到李大姐家的老屋了。原来，李大姐家与我的房东自大哥家以前是住在同一个区域的。地震时，李大姐家就搬到了村子中心，当时还是花钱买的村子里的田地。这和自大哥家 2014 年才搬下来相比"亏大了"。自大哥家等 5 户家庭，不仅获得了征地款、房屋款，还让政府把现在房屋所在的土地买好、地基打好，才搬下来。所以，李大姐说，以前他们都是一样的，但是因为李大姐家搬早了，现在房子差距就大了。李大姐也想做农家乐，可是政府说她的房子不符合标准，不能搞。而自大哥等 5 家不仅享受了政策，连标准间里的床、杯子都是政府购买的。李大姐最后总结，她说自己就只能做点农活。

上茶山的路非常不好走，很泥泞，很滑。云南的天气多变，雨水和阳光都很充足，所以茶叶发芽很快。李大姐周末卖米糕，没有采茶叶。所以，这两天茶叶长得很茂盛，她必须尽快采下来。我们 3 个人配合着一起采茶，采摘的标准是一芽一叶。在茶山上 3 小时，还下了 3 场雨，我们只能撑伞采茶，所以那些教科书里说的"雨天不采"根本就行不通。

采茶过程是一个很好的交流时间，因为我们共同劳动了，李大姐对我们特别热情。她觉得我们"看得起"她，所以很愿意和我们聊些村里的八卦和事项，信息量非常大。特别是说到了造房贷款和征地赔款的事，她说地震时的贷款是每家有 3 万元的额度，必须 3 年内还清。所以，当时她就贷款了 3 万元来建房。

17 点，我们 5 人已基本完成了今天的采茶任务，就沿路返回。大姐要留我们吃晚饭，我们拒绝了，约了晚饭后看她去卖茶。

20 点，我们出发去大姐家，她说旁边那个交易点的人已经来了。然后，我就跑过去看了。看到收茶人的银灰色小面包车停在土特产街上，有 3 个阿姨已经卖完茶叶坐在那里聊天。有一个阿姨背了 15 公斤茶叶来，按每公斤 12 元交易的，买家当场给付现金 175 元。她还说，今天看到我们采茶叶了，问我们采了多少。我说，大概有 5 公斤吧，也不多。正说着，另一个我们熟悉的村民过来了，放秤上一称，是

10.03 公斤，最后按 120 元现金给付。我问他怎么没去桌桌香那边的交易点，他说那边只有 11 块。不过，桌桌香的点是固定交易点，而土特产的点是根据茶叶市场价格的好坏来的。

这个收茶叶的人，是那柯里村隔壁小组的，他还要去其他小组收茶，所以没有和我们详聊。

回到大姐家，我们又聊了会儿民族服装的事情。大姐还拿了自家做的甜酒酿给我们吃。我问她一般几点休息，她说不一定，具体的睡觉时间并没有那么固定，会根据电视节目的好看程度来定。现在热播的《楚乔传》，还有一些韩剧，都是大姐喜欢看的。

那柯里村的晚上很安静，村民之间不串门，也不互相约在家里喝茶，都只在自家看电视。看累了，就睡了。[①]

采茶工作一般由女性完成，因为种茶，很多农户形成家庭的生产分工，男的在外打工，女的采茶。其实那柯里村不少女性并不只种茶采茶，有的在村里还有固定摊位，做点小生意。因为那柯里的旅游经济主要是周末和节假日经济，平时来游玩的游客不多，他们就把摊位收起来，去茶山采茶。等周末的时候，再出来摆两天的摊位。这样旅游经济和茶园经济两不误。茶园经济主要靠劳动时间来换取经济收益，采茶虽有季节限制，但是早两天晚两天并不碍事。这也是那柯里村很少有换工的原因。当然，在那柯里村也有相互帮忙的时候，老张家媳妇是这样说的：

我们没有做农家乐，也没有做小摊生意。老张他有时会去城里打工，我主要是管理茶园，采茶卖。我家里有十多亩茶园。我家有一个哥哥在公路边开农家乐餐厅，他家节假日或周末客人多的时候，他会打电话来叫我去帮忙。我就去帮他家几天的忙。他家平时生意一般，我嫂子他们也会来帮忙摘茶。摘到的茶就让他们自己去卖了，我不要

① 云南大学第九届民族学/人类学田野调查暑期学校学员、浙江农林大学沈学政老师田野日记，2017 年 7 月 25 日。

他们的钱。①

新茶发芽需要尽快采摘，这样才会长出更好的新芽，所以不少农户是欢迎其他人去采茶的。同村人相互采茶，所采的茶一般是直接属于采茶人。这既是互助，也是互惠。有些村民家茶园多人手少，实在管不过来，就放任一些茶树自己生长，过些年这些没人管理的茶树就变成了老树茶，而老树茶的价格比台地茶的价格要高出很多。这也是那柯里村民适应社会变迁和市场变化的一种灵活策略。

## 小　结

那柯里从路边经济向村寨旅游经济转型成功的关键，在于地方政府对村寨经济的发展起着主导作用。规划村寨建设、资金投入使用、村寨经营管理、村寨景观改造、开展家庭旅游等，无不体现了当地政府在其中所起到的引导、支持作用。在市场发育不充分的情况下，充分利用政府这只"看得见的手"作用于区域经济，在某种程度上是有必要的。

---

① 访谈人为笔者；访谈时间：2017 年 7 月 23 日；访谈地点：那柯里村。

# 第六章　道路形塑下的村落景观与社区空间

　　当人类学者新进入一个农村田野点时，映入眼帘的可能只是山路间零零散散的屋舍、山腰间稀稀疏疏的农作物，还有满眼疑惑的村民。人类学者一路颠簸而来，可能走过高速公路，走过国道、省道就进入田野点；也可能还要走水泥路、土路，甚至要下车盘山步行才能进入村庄。实际上，这种客观呈现的村落景象、道路与村落的关系，已经为我们的研究提供了一种方向，它促使我们把那些容易被忽略的景象记录、描述下来，从视觉印象入手、从村落景观入手，去思考这样的客观环境与当地人生产生活的关系。

　　村落景观不是只与自然环境相联系，一切的社会活动、文化事项，都在某一特定空间中进行展示，各种社会关系也在这一特定空间中逐渐客体化。当然，空间不是一成不变的，空间中的人群及其社会活动也在发生着变化，空间随着社会情境的变化而变化。因此，"空间性不再是一个固定的、存在论意义上的属性，而是一个形成中的、正在出现的社会关系的特质"①。而社会生活，也"不再被看作是在空间中展开的，而是与空间一起展开的"②。

　　在科技人类学著作《物理与人理——对高能物理学家社区的人类学考察》中，作者沙伦·特拉维克就非常直接地以"导游"的方式，带领读者参观了斯坦福直线加速器中心，介绍了它的地理位置、周边环境，以及各

---

① 潘忠党、於红梅：《阈限性与城市空间的潜能——一个重新想象传播的维度》，《开放时代》2015 年第 3 期。

② 朱凌飞、曹瑀：《景观格局：一个重新想象乡村社会文化空间的维度——对布朗族村寨芒景的人类学研究》，《思想战线》2016 年第 3 期。

种类型的办公室和实验室等，甚至还有路边的告示牌、墙上的照片、书桌上的摆设等。① 这样的景观描述，不仅使读者有身临其境的感觉，更将身处其中的科学家、行政人员、勤杂工等的特定行为方式及相互之间的关系一一呈现出来。早期的民族志作品里，埃文斯-普理查德以"结构距离"的概念，对努尔人聚落的社会空间范畴进行了划分。他指出，"各种价值标准以结构的形式限制和界定着这种（村落空间）分布"。即使在努尔人这样的原始部族中，他们的生态空间，也不单单受物理距离的影响，还与土地的特性、群体成员的生物需要密切相关。② 列维-斯特劳斯在《忧郁的热带》中描绘了波洛洛印第安人的村落结构图，他所描绘的村落结构图不仅展现出一组平面图形，更将隐藏其中的社会关系网络也一点点地呈现出来。③从村落景观切入，列维-斯特劳斯对他们的宗教、制度体系、家庭关系等的存在依据展开了探寻。

透过现在的、眼前所见的村落景观，通过访谈，请村民们描述以前的村落景观，去了解村落景观变迁的情况，是人类学者常采用的一种方法。人类学者以期从村落这个小型地域社会切入，去揭示村落景观变迁背后的权力关系、利益互动，以及这些行为对空间形态、社会关系的影响等，把"人"与"景观"的互动关系联结起来。村落景观，不再只是单纯的客观环境，它与当地人的生产生活、社会互动联系密切。

那柯里村，是云南省普洱市宁洱县的一个哈尼族聚居村寨，该村的前世今生均与"路"紧紧相连，是一个典型的"因路而生、因路而变"的村落。村寨最初的落成，便是因为其是滇西南茶马古道上的一个马帮驿站。新中国成立之后，经过那柯里的道路先后有昆洛公路（老 213 国道）、新 213 国道、昆曼公路，道路于村寨的相对位置不断变化，村落空间发生着明显的变化，村民日常生活场所也随之发生变迁。透过道路这个连接外部

---

① 沙伦·特拉维克：《物理与人理——对高能物理学家社区的人类学考察》，刘珺珺等译，上海科技教育出版社，2003 年，第 23～46 页。
② 埃文斯-普理查德：《努尔人——对一个尼罗特人群生活方式和政治制度的描述》，褚建芳译，商务印书馆，2014 年，第 126～134 页。
③ 列维-斯特劳斯：《忧郁的热带》，王志明译，生活·读书·新知三联书店，2000 年，第264～271 页。

世界的物质景观，那柯里村的内部景观发生了极大的变化。每一个时代，每一次道路的改变，都深刻影响着村落民居的布局，村落社区的核心空间随着道路的变化发生着明显的改变，从而使村落景观格局呈现道路形塑的特征。

## 第一节　马帮道路时代的聚落景观与社会空间

居民聚落的选择，往往以经济资源获取的便利性为要素，如靠近生产地、靠近水源、靠近交通要道。少数民族村寨的选址，除了考虑生计方式对自然环境利用的便利性，还受到民族自身传统文化的影响。如傣族崇拜的神灵与水有关，村寨的选址强调靠近河流开阔之地。选址时通过查看地势、占卜确定寨址，并选择一大树、大石或者土台为寨心，然后在寨心四周建屋盖房。拉祜族新寨选址主要考察视野开阔、靠近水源、土地和森林资源丰富等自然环境条件，然后通过祭祀山神、看卦决定具体宅居地址，方才破土动工建新寨。哈尼族选择村寨地址主要是看水源情况以及四周土地是否适合建公共墓地，择好一块新寨址后，建新寨都要举行祭寨仪式，由祭司"追玛"主持祭祀仪式，然后采用投掷鸡蛋的方式选出寨心，祭司的房子就建在寨心处，其他村民在其周围建房。

那柯里村是一个哈尼族村寨，村寨建在山脚下两山相间低洼丘陵之地，中间有一条溪流穿寨而过。虽有靠近水源的聚落选址特点，但最初的五户人家像随意撒出的豆子一样散落在小溪两岸，毫无传统村落的景观特点，更无寨心等具有少数民族村落象征符号的建筑或物体。可以说，从村寨落成一开始，它就不是以某一民族传统文化为依据选址而建的村落，而是一个"因路而生"的村寨。这里最初没有人家，只有一条马帮道路经过此地——这条道路就是今天名声远扬的茶马古道。这条道路以普洱茶集散地普洱府（今宁洱）为中心，向南经思茅厅（今普洱市）通往车里（今西双版纳）的普洱茶主产地区，并向缅甸、老挝等东南亚地区延伸；向北经磨黑、墨江、元江、玉溪等地到达昆明，并与内地各省市连接；向西与景东、大理、丽江、迪庆及四川、西藏等地连接。来自东南亚的洋靛、纱布，来自勐海茶山的普洱茶、磨黑盐矿的盐等商品，都在这条道路上流动。在这条路上，零星散布着很多农家，他们都会为路过的马帮提供住宿。

而位居当时普洱（今宁洱）和思茅（今普洱）马帮道路中段，且有溪流之便利的那柯里，逐渐成为这一带较大的一个马帮驿站。几户人家陆续搬了过来，盖起了房子和马舍，开启了马帮驿站的营生。一个"因路而生"的村落也形成了。村落最初的三户人家，都在靠近溪河的马帮道路旁选址建房，其中两家开"人店"（只提供赶马人的食宿，不负责照料马匹）、一家经营"马店"（既负责照顾马匹，也为赶马人提供食宿）。之后陆续搬来的村民多以农业为生，他们将生产的农作物中的一部分卖给开店的人家或往来马帮。荣发马店是当时那柯里最大的一家马帮驿站。

为了方便马帮通行，村民请求官府在此建桥。建成的木桥横跨溪河，人和马匹均可通行。这座木桥构成了那柯里村落景观的关键性要件：它成功地将溪河两岸散落的几户人家的民居以及官府设在村寨的塘哨在空间上组合起来，将零散的、分割的村落整体化，成为村落当时的地标性建筑。

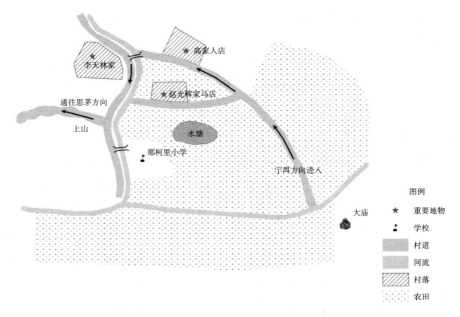

**图 6-1 早期那柯里地形**

图片来源：韩雨伦绘制。

溪河两岸的村民因桥而联结，日常相互串门儿、生意上互相帮助等，都更加便利和密切了。桥的建成使这条马帮道路上来来往往的马帮队伍增多了，即便不住宿，那柯里也是一个很好的停脚休息之地：马儿在河里喝水，赶马人在桥旁的榕树下歇口气、抽袋旱烟。桥下哗哗流淌的溪水，洗去了马身上的一路风尘，也涤去了马锅头对遥远路途未卜前程的暂时担忧：前方的山头常常有强盗出没，但在那柯里一带是安全的，这里有官府设置的塘哨，有官府的兵保护着他们这些南来北往的客商。

马帮道路、木桥、荣发马店，作为马帮时代那柯里村的景观特色，使得少数民族村寨呈现了与周边村寨不同的社会空间。穿寨而过的马帮道路，连接着村寨与外部世界，马帮道路延展的地方，也是村民们信息可达的最远地方：往北是昆明、大理，往西是贵州、西藏，往南是缅甸、泰国。村民、赶马人、马匹共同构成了村寨的社会景观，风雨桥具有了双重意义，作为村寨的桥和茶马古道的桥，构成了村寨与外部世界的交汇点。

这一极具特色的景观格局，使这个普通的少数民族村落成为独特的开放性、外向性的商业社会和文化创新场域。一个典型的社会事实便是那柯里小学的兴建。那柯里小学建于 20 世纪 20 年代，当时是荣发马店第二代主人李登荣建的私立学校，属于新式学堂，由曾在昆明读过书的他儿子担任校长和教员。当时云南的新式学堂并不多，这所学校出现在一个周边并无市镇和密集村落的偏僻山村，显得格外独特与新颖。

## 第二节　新老昆洛公路时代的村落景观与社会空间

中华人民共和国成立后，西南边疆开启了社会主义建设的新时代。1951 年"昆洛公路大会战"作为国家战略和政治动员在滇西南地区轰轰烈烈开展。昆洛公路在距离那柯里村南 500 多米的山梁经过，那柯里村民并没有直接参与昆洛公路的建设，但是两年后建成通车的昆洛公路给那柯里带来的却是改天换地的变化。

昆洛公路修通后，马帮运输迅速退出了历史舞台，茶马驿站那柯里村随即陷入了生计困境。1954 年关门的荣发马店象征着一个时代的落幕和另一个时代的开启。1954 年后,那柯里村村民经历了社会主义改造,进入人民公社时代。阶级划分意味着村落社会结构重新洗牌,贫下中农当家做主。这一社会变动也引起了村落景观的明显改变:距离那柯里村 10 多里的另一个山寨的几户人家被要求搬到那柯里,其原因是为了便于参加吃大锅饭和每天晚上开会评议工分等集体活动,这几户人家距离那柯里大队部太远,无法达到集体行动的要求。

集体化抹平了"山里人"与那柯里村民在家庭经济上和社会见识上的相对弱势,新搬来的几户人家把房屋建在荣发马店上面的小山坡上,坐南朝北,位置最高,太阳升起时是全村最早照射到阳光的地方。大家一起帮忙建盖的房子虽然简朴,但透着新房的气息。而与之相对应的,则是荣发马店逐渐破旧凋敝,除了一间客栈被留作家庭成员居住之所得以保存维护,其他的房屋都因年久失修而损毁。昔日村里引以为豪的木桥也在一场大山洪中被冲垮。穿寨而过的马帮道路早已被荒草湮没,难以寻觅。

随着人口的增长,村寨的民居日益增多。这一时期新建的房屋多建在溪河上游西南方向的山坡上,下游相对平坦之地则被辟为水田种上了水稻。其实这并非生产用地优先选择的结果,而是由昆洛公路与村寨位置决定的:相对而言,村寨西南方向更靠近昆洛公路,而且村里还集体出动开挖了一条约 500 米的小路与昆洛公路连接起来。村民以主动的姿态,通过集体行动和已经偏离村寨的道路再次连接起来,以保持那柯里作为路边村寨的区位优势。尽管如此,那柯里与道路的关联已经大大弱化了。如果说 500 米的空间距离还不足以让这个村寨边缘化,那么,那个时代现代运输业发展的滞缓却让那柯里村民感受到了它"近在眼前,远在天边"的无奈:村民们要搭车到宁洱或思茅,需要在路边等大半天,甚至一两天,直到有货车来且驾驶室有空位,才能搭上顺风车。好在当时的货车司机都很好,只要驾驶室有空位,见到招手都会停下让陌生人搭一程。

村寨的核心景观转换至供销社这一空间地带。供销社是计划经济时代国家统购统销的机构,这一外生因素被国家强有力地植入那柯里村,供销社具有的国家象征意义使村民对它怀有特殊的敬畏之情。供销社既负责计划性配给村民基本工业必需品（如盐、电池、布、糖等）和生产资料（如铁制农具、塑料薄膜等），也负责从村寨里收购特色农产品和统购商品（如药材、粮食、猪肉等）。虽然供销社的商品不多，且多数凭票供应，但是在短缺年代那物品并不丰富的商品柜台，总是带给村民一些美好的希望。

供销社是村民喜欢有事没事去转一转的地方，也是周边村寨的人会过来买盐和卖药材的地方，这里显然是人员交流、信息汇集之地，对村寨的社会关系黏合有着重要意义。经常在晚上召开的集体会议则会找一户房屋空间稍大一点的村民家，大家围着火塘开会，评判和记录社员们一天的工分，这是年终集体分配粮食的依据。火塘三脚架上的茶壶蒸腾着热气、吱吱地响着，火塘火一明一暗地映照着一张张热情的、疲惫的、麻木的脸，队长训话声、孩子的哭声、女人的唠嗑声构成了一个喧嚣杂乱的场景。这个场景深深地烙印在那一时代村民的集体记忆之中，劳累、疲惫之外，还有人与人之间相互帮助的温暖与和谐，这种感觉令人怀念。

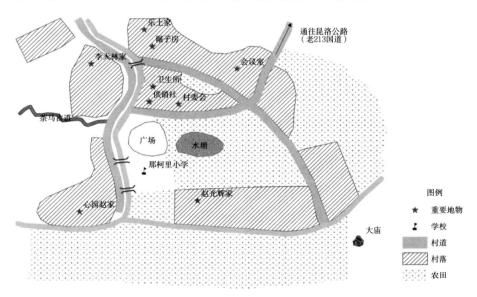

**图 6 - 2　20 世纪 50 年代那柯里地形**

图片来源：韩雨伦绘制。

供销社、火塘边等集体化场所的出现重构着那柯里村的景观，具有时代特征的场所，以及在这里活动的人的集体意识和社会反应成为这一景观的特色。曾经构成那柯里景观的道路，在村落空间内逐渐消失，但是那条仍然让村民把自己村落看作是路边村寨的昆洛公路，难道不也和村落景观是紧密联系着的吗？由"大会战"的方式建成的这条"国防路"，从内地向边疆延伸，带来了内地的工业品、国家支援少数民族的物资、国家的干部以及党中央的方针政策。这一切，是边疆少数民族地区整合到国家制度体系中的必要条件。

20世纪80年代以来，地处西南边疆的少数民族村寨看似依然宁静，实则已悄然涌动春潮。家庭联产承包责任制把村民从集体化束缚中解放出来，生产的个体能动性得到了增强，个体经济随着商品经济的发展逐步恢复，前面提到的"黑猫旅店"的兴起就是其中的典型个案。

与那柯里村民生产生活密切相关的事件是新昆洛公路中的磨思公路的修建。公路修建征用了那柯里村部分水田，建好的公路紧挨着那柯里村东口，再次把那柯里村变为实实在在的路边村寨。二级公路的开放性为村民们经营汽车旅馆提供了绝好条件。公路边有承包地的人家纷纷建起了饭店、食宿店。短短几年，那柯里村的聚落形态随着路的变迁发生了巨大变化，磨思公路两边分别建起了20多家汽车旅馆、小卖部、杂货摊，各家以大致相同的方式做着路边生意，雨后春笋般拔地而起的汽车旅馆成为那柯里村寨最亮丽的风景。

公路两侧的汽车旅馆越来越多，并且以村东口为中心，顺着公路方向延伸一两公里。村庄的聚落形态随着路的变迁被重新塑造，农田变成了道路，沿着道路建起了两排房屋。之前向南延展的聚落空间在短短几年就呈现向东移动并顺道路延展的特点。

村落的公共空间和社交空间也发生了明显的变化：随着市场经济的发展，私人经营的小卖铺取代了供销社，成为村民日常购物的地方。利用公路之便，小卖部的货物应有尽有，成为方圆十几公里各村寨的主要采买点。供销社早已被撤点，房子被一户村民购买作为民居。家庭联产承包责任制下的村民不需要经常参加集体会议，他们也不再有固定的时间和空间

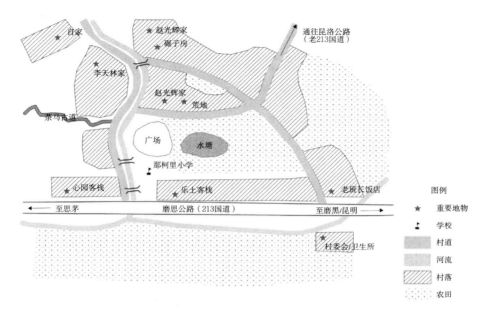

**图 6 - 3　磨思公路通车后那柯里地形**

图片来源：韩雨伦绘制。

进行集中的信息交换和情感交流。个体之间的经济交流和人际交流取代了集体交流，经济互惠（如种茶村民在旅游旺季到开农家乐的村民家帮工，开农家乐的村民在游客较少时到茶山帮茶农采茶）使村民关系中或多或少地渗入了斤斤计较的金钱关系。

　　但农闲时他们仍然喜欢三五成群地聚在一起唠唠家常，传统的熟人社会特征仍然存在。只是社会交往空间，已经从供销社、大队部转向了路边小卖部。公路边的几个小卖部，成为村里人最爱光顾的地方。小卖部外面总是有几条长凳，做不动农活的老头、老太太常常在早上 10 点多钟来到这里坐一坐，晒晒太阳，见到谁就跟谁唠几句家常。下午那柯里小学校放学时，小卖部边挤满了戴红领巾的孩子们，这个买支冰棍，那个买块橡皮擦，叽叽喳喳，热闹一番。傍晚村寨升起袅袅炊烟，小卖部又迎来匆匆忙忙来买盐的女人和慢慢悠悠买支烟抽的男人，他们倚着小卖部的门窗，和卖东西的老板聊上几句村子里发生的事情。经营小卖部的人家，还开了个烧烤店。晚上，做农活累了的男人，偶尔三两个约着来喝口小酒，相互称兄道弟一番。

## 第三节　昆曼公路时代村落景观重塑
### 与新的社会空间建构

进入 21 世纪，昆曼公路的建成通车，再次改变了这个路边村寨。新修的昆曼公路几乎与磨思公路平行，在那柯里村东十几米的地方经过。道路并没有改变该村路边村寨的地理位置，但是因高速公路取代磨思公路成为主要交通大通道且高速公路封闭式运营，村民一夜之间几乎完全失去了汽车旅馆生意。

面对失去传统优势亟待生计转型的困境，宁洱县政府顺应发展乡村旅游的大趋势，利用"6·3"地震灾后重建的机会，以茶马驿站为品牌，努力将其打造为一个特色旅游小镇。这一品牌创意，实际上是重新将那柯里与传统马帮道路联系起来，用这条更多存在于人们心中的观念之路吸引游客来到这个村寨。为了满足游客"凝视"的需要，在政府的规划和投资下，那柯里村进行了大规模的旅游景观改造。这些规划景点采用中国传统文化"八大景"的理念，设计了那柯里"八景"，设计者充分利用溪流穿行村寨的地理特色和民居错落特点，将"八景"嵌入村寨空间，并通过经过改造的村寨道路，将这些景观串联起来，形成了茶马驿站那柯里的游览路线：北寨门—古道溪流—风雨桥—碾子房—荣发马店—古道遗址—马跳石—石心树/连心桥—同心亭—南寨门。

尽管有专门为游客打造的"八景"，但事实上村落本身仍然是整个旅游景观的载体和主体。将已经盖满小洋楼的村落改造为具有传统特色的村落，是整个旅游规划设计的重点。村民们按照政府统一规划进行改造：水泥外墙增涂一层红泥，使之变成"红土墙"；平顶房加盖瓦檐房顶，屋内钢窗更换为木质雕花窗；因旅游规划需要部分村民在村内进行搬迁重建，重建的房屋必须采用规划的建筑设计方案，不得按自己的意愿设计建造。在这一系列的景观规划下和文化符号的重构下，一个崭新的"传统"村落面向外地游客开放。景观改造在满足游客"凝视"需要的同时，也起到了解构原来村落社会景观的效果。

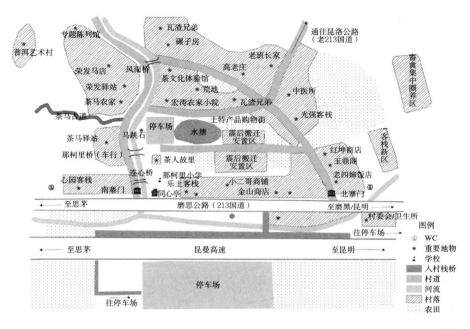

**图 6－4　2017 年那柯里地形**

图片来源：韩雨化绘制。

## 一　无中心化的村落空间

"汽车旅馆"时代，在经济利益的引导下村落空间重心移向了村口磨思公路旁的小卖部和汽车旅游经营区。而今天，随着茶马驿站的打造，村寨旅游有了很大的发展，游客顺着旅游线路，从寨门北进入，深入村寨内部，顺次观赏旅游景点，再从寨门南口出。所谓寨门，并非封闭的进入村寨之门，而是入村的路口，它是没有门的"寨门"，这也体现了那柯里作为路边村寨的开放性。

环线两侧是错落的村民民居，这才是村寨最好的风景。不少村民把自己家的庭院大门打开，或开农家乐饭店，或开客栈，或卖土特产品。每一户民居在建筑上并没有个性化特色，却有村民们生于斯、居于斯的烟火味儿。外来的游客顺着旅游环线和村寨小道随意地在村寨内游荡，随意地观看人造景点或自然风光，感受村民的生活，遇到某种特色小吃，随意地买点尝尝；看到可心的饭店，随意地进去吃顿饭。对于游人来说，随意就是他们在这游玩的最大特点，没有旅行社的安排，没有专职的导游，进了村随意地走走看看，走到哪里就在哪里坐一坐，吃顿农家乐的马帮菜。

村落的景观空间呈现无中心化的特点。那柯里"八景"分散在村寨之中，因村寨不大，所有的景点几乎都有旅游环线贯穿其中，不需要太长的时间（约一个小时）就可以全部游完。这些景点并不需要游客进行选择，因此对于外来者而言，村寨是一个无中心的景观空间。"随意""走到哪里看哪里"的漫游式旅游，是那柯里村最具特色的旅游体验，这倒也符合当今流行的"慢生活"方式。

村民们家家忙于自己的生意。经营农家乐的村民们一早起来，就要开车到宁洱县城的农贸市场去买当天需要的蔬菜。每天早上的采购，能保障农家乐餐厅的菜品新鲜和特色。卖糍粑或开小吃店的村民，也要早早起来进行准备，蒸糯米饭、打糍粑、制作各种地方特色小吃，一一做好充分准备。大约10点钟，第一批游客就会到，卖糍粑的摊位前就会排起长队，游客们会等着买刚打出来的香喷喷的糍粑。中午和晚上，是农家乐最忙的时候，老板忙碌地招呼着客人，服务员忙碌地端菜上饭，这种忙碌一直要持续到晚上九十点，等一切打扫干净方可休息。大多数时间，民宿客栈的生意并不算好，因为那柯里距离宁洱和普洱不远，大多数游客还是愿意回到城里住酒店，所以客栈经营者往往把客栈生意作为副业，以开农家乐或种茶为主业。村民无论做什么，都有一个共同点，那就是他们天天都很忙碌，几乎没有时间聚到某个公共空间聊家长里短。

村民的公共生活也呈现无中心化特点。村民们忙于旅游经济，自己开车到城里采购物资，曾经起到公共空间作用的小卖部如今在村寨仅仅起到经济上的拾遗补阙作用。因忙，很少有人停下来聊几句或坐下来抽支烟。因为经济竞争产生的一些小矛盾、小摩擦，村民之间的关系发生了微妙变化，曾经友好的邻里开始变得有些陌生，曾经亲密的弟兄也减少了往来。大家忙忙碌碌地赚钱，钱赚得越来越多，但是昔日村寨中弥漫的温情却越来越淡了。

有意思的是，在村寨旅游经济开发中起到重要作用的村民委员会却坐落于村落的外围，在原磨思公路外侧，房子盖得很新但并不引人注目。与村民委员会并列的是村卫生所。村民委员会和村卫生所紧挨着磨思公路，并无村民活动广场之类的公共空间。事实上，在那柯里这样一个寸土寸金的村寨，已经很难找到一块合适的土地建一个专门的村民活动广场。这与云南大多数少数民族村寨的空间布局有很大的差别：在不少村寨，村民委员会办公楼会建在一个相对宽阔之地，前面就是村民活动广场，其中还有专门升挂国旗的平台，通常是村寨举行公共活动的重要场所。

那柯里村这被挤到村外建盖的村民委员会、村卫生所等村寨公共服务机构的空间结构，不正表明了这个村寨在旅游经济转型中政治空间服务于经济空间？尽管如此，正如本书第四章所指出的那样，政府这只"看得见的手"在那柯里所发生的作用是举足轻重的，它对于村寨的意义并不能被忽视。

## 二　隐藏在夜色下的公共空间

那柯里村民委员会的办公室坐落于一个并不显眼的角落，村寨稍有一点宽敞的公共空间，往往都被游客的车停满。那柯里的社区空间在哪里呢？这个疑问，被课题组的同学们敏锐地觉察到并通过深入观察找到了答案。下面是课题组成员的田野日记：

> 在浙江，基本上已经做到每个乡村都有一个"文化大礼堂"，用于村内的集体公共事务活动，比如祭祀、村宴等。在那柯里，没有这样的公共大场所，且村民之间的交流互动很少，晚上不跳广场舞，也不串门喝茶，和我所熟悉的乡村很不同。所以，我之前有个错误的认识，就是那柯里是没有村民互动场所的。事实上，是我认识片面了。那柯里小组内部其实有另一个场所，那就是夜间市场。
>
> 那柯里的产业依然是以茶叶经济为主，在非周末时间，村民们白天的生计都是采茶叶。大家分散在各个茶园，忙于采摘劳作，彼此无交流。采完了茶叶，做饭吃饭，稍微休息，就差不多到了晚上8点。然后，他们就拿上茶叶去夜间市场交易。所以，夜间市场成了人群汇

聚之地。

我们先去的是土特产商业街上的鲜叶点，那里已经开始收了。不过，只有两三个村民在交易，很冷清。我们转而去往桌桌香饭店门口的交易点。远远地就看到，已经有很多人在小商铺门口坐着聊天了。大概有 10 多个阿姨和奶奶辈的人在，每个人面前都放着一个编织袋，有些就是一个塑料袋，里面堆放着茶叶。我跑过去一看，没有看到收茶叶人的面包车。

我问几个奶奶，车没来，你们怎么就坐这等了。奶奶们说，坐着聊天呀，一会儿就来了。的确，她们三五成群的，正聊得热火朝天。大意是各家的家长里短，互通消息吧。

收茶叶的人还没来，不过已经有一些游客过来看热闹了。我看到人群里有个熟悉的身影，是上周末来这里户外骑行的普洱中学的徐老师。他正和他的夫人、朋友在这里闲逛喝酒，刚好跑过来看茶叶。徐老师一直叮嘱我有机会要去看茶庵塘，要去困鹿山。这是两个当地主要产茶的茶山，他对那柯里的认知，就是这里是喝酒休闲的地方，不是喝茶的地方。这个定位，其实也和政府对那柯里的规划是相同的，那柯里就是一个驿站，打尖住店吃饭。所以，政府资金都投入旅游景区建设、土地流转等方面，对于茶产业的管理还是原生状态的，让百姓们自产自销自管理。

我凑到一堆奶奶中去聊天，她们都很欢迎我，非常热情。其中一个赵奶奶，她和大儿子住，就在青树梅酒店。她说，儿子和媳妇要忙着管饭店，所以茶园就由她来管。我问她，采茶累不累。她说，不累，在家太闲的话脚会肿，采茶可以锻炼身体。奶奶一个人管着 3 亩茶园，已经 71 岁高龄。我问她，在村子里还有更大年龄的人在采茶吗？她笑着指了下另一位奶奶，那位奶奶 74 岁，家里有 7~8 亩茶园。她们都把采茶视为锻炼身体的方法，同时还可以挣钱，所以并不觉得有多累。晚上老姐妹们还可以出来聊聊天，觉得很好。

这时，自家大哥带着一包茶叶来了，我们认识的小李提着茶叶也过来了。村里人开始聚集。我看了下时间，已经晚上 9 点了。没过几分钟，来了一辆面包车。赵奶奶说，来了。车上下来一对年轻夫妻，男的提了一个落地秤过来，女的站在车门旁边等。赵奶奶说，那女的是老普山的，嫁给了这个收茶叶的。

收茶人开始工作，两个六七岁的小女孩最先把茶叶袋放到秤上，她们的爸爸则在旁边看着。大家陆续把茶叶交给收茶人称重，收茶人则在小本子上记录重量和等级价格。这里的茶叶总共分为4个价格等级，老茶9元，10号的11元和12元，100号的15元。他只要看一下茶叶，就很快记录下价格和重量。我不清楚这里的老茶指的是什么，一芽二三叶的这种，他们叫随心茶。

称重完的，就把茶叶拿到收茶人媳妇那里，重新装袋。等全部称完后，就由收茶人当场现金结算。收茶人是彝族人，做这一行已经十四五年了，和村里人都很熟悉。他每天下午5点从家里出发，总共收3个小组——打磨寨、老普山和那柯里。到晚上9点多回到家。收来的鲜叶第二天再进行加工。

收茶人很好心，逢有小数点的，都给四舍五入直接算整数了。村民们也都有经验，都随身带了零钱。最多的人，换了19公斤，少的则是4~5公斤。我算了下，基本一个劳动力一天是可以采到5公斤左右的茶叶的。

结算完了现金，大家说说笑笑的，就各自回家。收茶人也和媳妇开车返家了。桌桌香饭店门口又恢复了宁静。赵奶奶问我，要不要去她家坐坐，特别热情地邀请我们。这一个热闹的夜间市场，在一个小时里，成为大家聚会的地方。

那柯里是以各种血缘亲疏关系集结而成的村寨。村民们彼此之间都是各自的亲戚。所以，这几天住下来，我们发现A家可能与B家是表亲，又与C家是堂亲。所以，这个72户的村落里，没有哪一个家庭是单独的、孤立的。这样的亲属关系，使得人们彼此之间不需要通过喝茶串门等外在形式来强化联系。加之，采茶比较辛苦，晚上只能通过交易时间来聊天，所以在外人的我们看来似乎没有什么村民互动交流的场面，而实际上，夜间市场不仅承担着商品交易的功能，同时也是村民之间的互动交流场。

目前，夜间市场还没有与旅游发生联系，依然是农业经济的生计方式。今日在村委会访谈时，副主任说未来的期望是将那柯里小组的经济，都转变为旅游经济，不以茶叶为生计模式。村民们都不再是茶农，而是景区讲解员、餐饮食宿提供者等旅游从业人员。

只是，不知到了那时，这夜间市场是否还能发挥村民互动交流的作用，还那么温情淳朴？

一切都会变化。①

在旅游经济对空间的挤压下，那柯里村的公共空间已经被压缩到夜间市场里。而这个自发形成的茶叶市场，每天晚上人们也只有一个多小时时间用来交流，随着茶叶收购的交易完成，这个村民的社交空间又暂时被封闭起来。从表现上看，这个由盘根错节的亲缘关系构成的村寨，村民之间的交往不需要通过串门喝茶等外在形式维系，但是村民之间串门明显减少，家家户户只关心自己的生活，不太愿意去管别人的生活。一个村民告诉我们："我们这边平时没什么事不怎么爱串门，村里没有什么玩的，晚上9点家家户户就关门了，在家睡觉或看电视。只有关系比较好的会串串门，或者生病了、有事了会去看望拜访。村子里的人不兴打麻将，甚至打牌也不兴，吃喝嫖赌这种事情在这里很少出现，爱聚在一起喝酒的也是比较少的。大部分的时候是在挣钱，用堂弟的话来说就是抓经济。"从这些话语中可以看到那柯里村民的社会生态，让人强烈地感受到了茶马驿站这一文化符号下的无形之路给村民社会生活带来的变化。

## 三 半开放的私人空间

在那柯里村的田野调查，让我们印象最深的是村寨里家家户户的门都是开着的，你无论走到哪家，都可以随意地走进去，和家里的主人聊几句，这为我们的调研提供了很大方便。过去我们的田野工作常常为难以找

---

① 云南大学第九届民族学/人类学田野调查暑期学校学员、浙江农林大学沈学政老师田野日记，2017年7月28日。

到合适的访谈人而困惑，而在那柯里，几乎所有的村民家大门都是敞开的，村民们都微笑着欢迎你进去。

村民的家，通常由大门、庭院、正房、厨房、围墙组成。经营民宿或农家乐的农户，多直接敞开大门，让游客对庭院的情况一目了然。客厅、厨房通常也只是把门关上，并不用钥匙锁上。村中即使没有对外经营的村民，也往往会敞开院子，里面主人家的日常生活，都能看得分明。

例如，起名为"高老庄"的一个庭院，虽然有铁门，但是白天大门都是敞开的，因其位置地势较高，外人从村寨环线路斜坡走上去就可以直接看见庭院空间结构：正房门面悬挂着的牌匾"国家级非物质文化遗产'普洱茶·贡茶制作技艺'——那柯里茶马驿站手工制茶体验中心"；院子有"美人靠"长凳的廊桥，既可以让游客随意地休息，也同时作为庭院的外围栅栏；敞亮的院子右侧，有一个品茶区，上面有品茶桌、茶具、茶饼等。有游客来，主人家就会过来坐在茶桌面前，招呼着你过来喝口茶，跟买不买茶、试不试制茶的手工体验都没有关系，主人一如既往地热情招呼你坐下来、歇一歇。

在那柯里的旅游开发中，政府鼓励村民利用自家的庭院，将其改造为可以接待游客的客栈，政府利用经济补贴推动这一计划。"富人区"的五户搬迁户，都是在政府的统一规划和经济激励下把自己家的部分房间拿出来，作为客房对外营业。以村民 ZY 家为例，他家的房屋为三层楼的砖混结构房子，有一个院落，院落外围是由用砖砌成的低矮花台围成，既起到了使院落美观的作用，又起到了空间隔断的作用，这种半开放式的院落结构，让外面的人对庭院里的空间一目了然，符合客栈的对外开放功能设计。

三层楼房的功能分布如图 6-5 所示：

从图 6-5 的空间分布可以看到，村民的楼房空置率比较高，二楼有三间闲置房，三楼有四间闲置房。对外经营的三间客房分别安排在一楼、二楼、三楼。一楼、二楼、三楼的主次卧室都有主人家的成员居住。

如果说因农家客流量不理想保留了很多闲置房是理性选择的话，那么，把三间客房分别安排在一楼、二楼、三楼与主人家庭形成混合区，这就有些

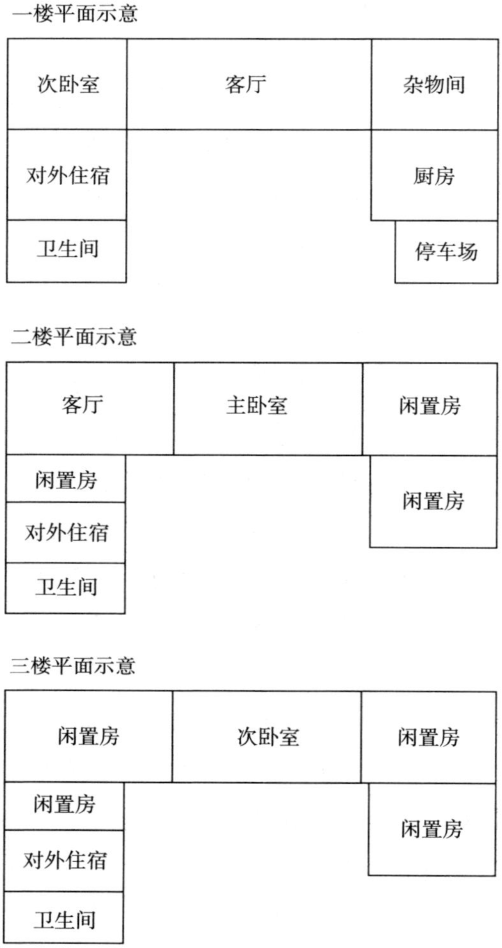

一楼平面示意

| 次卧室 | 客厅 | 杂物间 |
|---|---|---|
| 对外住宿 | | 厨房 |
| 卫生间 | | 停车场 |

二楼平面示意

| 客厅 | 主卧室 | 闲置房 |
|---|---|---|
| 闲置房 | | 闲置房 |
| 对外住宿 | | |
| 卫生间 | | |

三楼平面示意

| 闲置房 | 次卧室 | 闲置房 |
|---|---|---|
| 闲置房 | | 闲置房 |
| 对外住宿 | | |
| 卫生间 | | |

**图 6 - 5　三层楼房的功能分布**

注：农户楼层功能分布的三个图，均为云南大学硕士研究生娜妥绘制。

令人难以理解了。中国人的习俗和文化是较为重视家庭空间的私密性的，传统上的中国农民虽朴实好客，但是对于陌生人直接进入自己家庭内部多少会有些顾虑。在空间较多的情况下，完全可以用一层楼经营客房，为客人设置独立的活动空间，而不是现在这种布局，主人和客人共用客厅、厨房、卫生间。如此布局家庭空间，表明了那柯里村民历来作为路边村寨的居民在血脉里保持了一种开放和包容的文化传统。

### 四　被重构的社区人际关系

村寨作为一种微型社区本身就有一套自己的社会组织结构和内部发展逻辑，在村寨旅游开发之后，传统的村民之间相互依赖、邻里互助的关系依然存在，但是这种关系变得日益松散。

2016 年以前我们到那柯里进行课题调研，发现村民与我们聊得最多的就是东家长西家短：或讲某某家是如何获得现在经营的这块土地；或说某某家得到了政府的什么好处；或讲某某人做事如何不地道……这是那柯里旅游经济发展初期，在旅游经济转型中村民之间的收入差距快速拉大所造成的一部分人心理失衡。2017 年以后，调查组进入那柯里调查时，我们发现这些家长里短的议论少得多，大家都在忙于自己的经营，似乎没有兴趣管他人的事情。但是村民之间的关系则更加弱化，相互之间的交往越来越少。

# 小　结

空间景观的改变是经济社会变迁的一个表现，塑造景观的力量来自社会变迁。这一社会变迁，在那柯里村是以道路的改变为切入点的。从马帮道路到国防公路，从新 213 国道到昆曼公路，道路现代化的背后，是国家经济体制改革的步步推进，是中国工业化向信息化发展的社会大环境的变革。路的改变，将来自外部的政治制度、经济体制、社会观念等方面渗透到一个小村落，使其发生了巨大的变化。景观的变化是社会经济巨变的可视化呈现，在可视的空间景观变化背后，是更深刻的人的生产生活方式变迁、人与人的社会关系的变迁。

# 第七章　千里姻缘一"路"牵：道路与村民通婚圈变化

　　婚姻圈又被称为通婚圈或通婚地域，既是一个地理意义上的概念，也是一个社会文化意义上的概念。施坚雅（G. William Skinner）在其市场体系理论有关婚姻圈的探讨中认为初级市场与婚姻圈的中心重合，婚姻介绍由媒人在初级市场上进行。[①] 庄英章在对林杞埔镇的考察中认为，林杞埔镇的市场圈、婚姻圈、祭祀圈有相当大的重叠。[②] 还有诸如王铭铭对福建美法村的婚姻圈的调查研究[③]和吴重庆关于莆田孙村通婚地域的调查研究[④]，对婚姻圈的地理范围与人文经济区域、祭祀圈范围的相关性进行了研究。已有的通婚圈研究是在社会转型起步期、社会结构相对固定的情境下，对其地理范围和社会文化意义所进行的研究。然而在全球化和地区经济发展的语境之下，中国农村地区正经历着极大变迁，实际情况远比想象中的复杂，普适的理论很难再适用于某些对社区的研究。

　　通婚圈以地理空间的方式呈现人与人之间的社会关联。地理空间除了呈现关系，是否还有缔结关系的作用？要回答这个问题，首先要分析构成婚姻关系的一个必要条件——信息撮合。无论是婚姻双方自由认识（自由恋爱）还是由中间人牵线（媒妁之约），都需要信息撮合的过程。道路作

---

① 施坚雅：《中国农村的市场和社会结构》，史建云、徐秀丽译，中国社会科学出版社，1998 年，第 40～45 页。

② 庄英章：《林杞埔——一个台湾市镇的经济发展史》，上海人民出版社，2000 年，第 165～177 页。

③ 王铭铭：《村落视野中的家族、国家与社会——福建美法村的社区史》，载王铭铭、王斯福主编《乡村社会的秩序、公正与权威》，中国政法大学出版社，1997 年。

④ 吴重庆：《社会变迁与通婚地域的伸缩——莆田孙村"通婚地域"调查》，《开放时代》1999 年第 4 期。

为两个地理空间关联的条件，在婚姻的信息撮合过程中起到了积极的关联作用，从而在很大程度上影响了婚姻圈的形塑。作为联系两个地域空间的道路，不仅引起了地域空间在地理关系上的关联，而且也引致了两个不同质的社会文化空间的黏合，它以多层面的方式影响着社区的发展，在经济、社会、文化和生态等方面均可看到道路对社区变迁的形塑，这也是近年来“路学”或“路人类学”成为学术热点的一个原因。

本章所讨论的那柯里村作为一个路边村寨，在村寨发展变迁历程中，经历了“因路而生”“因路而兴”“因路而变”的风风雨雨，被道路紧紧牵着命运的它，社会结构与社会关系也在不断被打破、被重塑，因此道路变迁无疑是影响婚姻圈最明显的因素之一。那柯里村的道路经历了从传统的马帮道路，向国道公路和高速公路的变迁过程，外界因素刺激并影响着那柯里村民的婚姻观，拓展着那柯里村的人际关系，从而使那柯里村村民的通婚圈发生变化，在不同时期呈现不同的圈层特点。

在那柯里因路而兴、因路而变的发展历程中，村里的通婚圈也呈现与路的某种契合关系。马帮时代，马帮驿站让该村获得了婚姻选择优势，本地熟人之间缔结婚姻关系的共性之中包含了明显的独特性。在昆洛公路时代，道路与村民若即若离使村民在与外界交往中出现了偶发点状的陌生人相遇机缘，而婚姻圈随之出现了与道路同频的线性形式。进入改革开放时期，那柯里路边道路向现代化、高速化发展，社会的巨变使婚姻圈具有那个时代特色：同心圆扩张型并逐步向离散型转变。

## 第一节　马帮道路时代的通婚圈

通婚圈的形成本身是一个动态发生的过程，一般可以从通婚半径、地域范围和族群范围三个方面来进行考察。其中通婚半径主要关注的是婚姻关系缔结双方之间地理意义上的空间距离，地域范围主要是择偶时对于对方所处地理空间的社会意义考量，而族群范围主要是择偶时出于阶级、宗教信仰、受教育水平等因素的考量，通俗的说法就是婚姻中的“门当户对”。

历史上的那柯里，其聚落的形成与道路有密切关系，从今天可追溯的村落历史来看，如今有 60 多户的村落最初是由五户人家繁衍发展起来的。这五户人家有的是迁徙过来的外籍人，有的是从周边移居过来的本地人。因该村正好处于今宁洱到普洱中间位置而成为马帮歇脚之地，于是就不断有外地和本地居民迁居到此，以经营人店和马店为生，逐渐发展成一个小村落。村民民族构成是傣族、彝族、哈尼族和汉族。

马帮时代那柯里村民婚姻圈的主要特征是邻近民族之间相互通婚，村民之间民族意识较为淡薄，族际通婚明显，如村里彝族和汉族、傣族和汉族、彝族和傣族通婚较为普遍。结婚对象主要来自邻近的马蝗箐村（2 公里）、中良子村（5 公里）、马鞍山村（8 公里）等村落，通婚半径保持在 15 公里以内。不同民族之间没有通婚禁忌，传统彝族、哈尼族等少数民族的姑舅表婚、姨表婚等在那柯里也极少见。可见这个类似于移民村的村落因其聚落形成具有道路趋向性而其族群关系也处于相对松弛的状态。那柯里马帮时代的通婚圈仍然遵循着在熟人社会圈里相互通婚的习惯，婚姻对象的选择具有很强的本地性特色，这主要是传统农业社会人际交流狭窄所致。来来往往的外地马帮虽然拓展了社会交往，但是马帮的流动性和短歇性，使村民与外地马帮人员之间很少产生非经济性的交集，以至于很难有缔结婚姻关系的可能性。

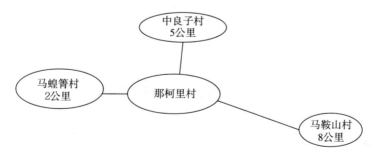

**图 7-1 马帮时代的婚姻圈**

目前[①]已是 88 岁高龄的老奶奶讲述了她刚嫁入那柯里时的情形：

---

① 指 2021 年。

我 16 岁（1949 年）嫁到那柯里，那时村里只有六七户人家。那时，我们家以种地为生，没有开店。有时候会给村里开店的李家帮工，帮他们砍柴、犁田等，他们会支付工钱。村子里每天都有马帮来来往往，但是马帮都是直接去马店歇脚，他们不和村民打招呼，村民只看到他们驮茶、驮盐巴过来，男男女女都有，一天至少两场。我从来都不去看的。因为如果我要是去看热闹的话，我公婆会不高兴的。①

但是，那柯里村的村民在择偶选择上，却有较大的优势。如村里的高家，以经营马店为生，家产颇丰。据高家老奶奶讲，她是从那柯里村 5 公里外的一个村寨嫁过来的。她之所以嫁到那柯里，与其说是因熟人社会内部关系，不如说是因马店与马帮的关系，因为她是当地有名的马锅头家的千金。

我今年 87 岁了，19 岁的时候就从大山嫁到那柯里来了，那时候还属于旧社会，高家骑着白马来娶亲，我也是被四个人抬着的大轿子抬到那柯里来的。虽然那个时候没有公路也没有车，但是我不用走路。以前我的娘家是大户人家，嫁来的高家是很有钱的，否则我娘家不会把我嫁过来。我自己并不认识高家的人，因为父亲是赶马人，常常走这条路（马帮路），对经营马帮店的人家也比较熟，他认识高家，所以就给我定了这门亲事。②

类似的例子还有村子里赫赫有名的荣发马店老板。荣发马店是当时那柯里最大的马店，开马店的优势让这一家财力雄厚，具有一定的地方性影响，因此能够娶到县城里的女子。1925 年出生的罗奶奶从宁洱嫁到那柯里的荣发马店家，嫁过来之后就一直帮忙打理马店生意，马店生意十分红火。

---

① 访谈人为云南大学硕士研究生康禹熙；访谈时间：2018 年 10 月 2 日；访谈地点：那柯里村。
② 访谈人为笔者；访谈时间：2017 年 7 月 25 日；访谈地点：那柯里村。

由此可见，马帮时代的那柯里通婚圈与一般传统村落的通婚圈总体特征上有相似之处，具有一天行程（步行）范围内熟人社会里非跨阶级缔结的特点，经过村寨的马帮道路对那柯里通婚圈的影响并不明显，但是因路而改变的家庭财富形态对婚姻关系的缔结具有决定性作用。

## 第二节　老昆洛公路时代的通婚圈

伴随着公路、铁路等现代化道路的修建，西南边疆开启"交通革命"的现代化进程。滇西南现代道路建设起步于 20 世纪 50 年代昆洛公路建设，相较晚于云南其他地区。

那柯里村与这条现代道路最初的接触是突然而至的大量修路人。这一段道路的修路工人大多数来自玉溪、大理、景洪、景谷、景东等地，本地农民并未在征调范围内，故那柯里及周边村民并未参与其中。修路时期工人住在离那柯里寨子不远处的工地里，由于当时修路主要靠人力而非机械，道路修建推进速度缓慢，这为修路工人与村民接触提供了较长的时间。加之修路所需的部分材料和工具（运土竹篮、木桩等）、蔬菜粮食等需要从村民手中购买，也为工人与村民的日常交往提供了契机。修路工常常到村寨里买东西，有些年轻的修路工也想方设法找机会与村里的女孩子搭讪。下面是村民老李的回忆：

> 那个时候村里的人都比较保守，管得很严，很少有姑娘和民工走得很近。一般情况，男女双方若有好印象，也要请媒人在中间连线，双方家长见面后才正式交往，女子不会私自和那个男子相好，要规规矩矩的。不过，修路期间和挖路民工相好最后在一起过日子的还有几对。团山村的姓高的女子就是和挖路的好上的，烂泥坝村也有一个女子也是这样的，两人在挖路时认识，后来路修好了，男人主动要求在当地道班上班。道班是负责道路维护的，然后两人结婚了，家也安在这里了。还有就是大理的一个民工在这里修路，和村里的一个女的好上了，那个男的就把女的娶回家了，现在那个女的还会经常回来走

娘家。对于和民工后来走到一块儿的姑娘，她们的父母都没有反对。①

老蒋是在那柯里村附近的昆洛公路边开"司机之家"（"黑猫旅社"）食宿店的老板，老蒋岳母是那柯里村人。老蒋的妻子是这样讲述父母的相识的：

> 我爸爸是玉溪人，当时昆洛公路修建，他过来修路，住在寨子里，结识了我妈妈，他们俩是因为昆洛公路结的缘。②

大量的人流随着道路的修建，涌入这个与外部保持被动联系的路边村寨，给当时社会流动缓慢、民风保守的边陲村庄注入新鲜血液。以婚姻关系的建构为契机，新的社会关系开始在这样的背景下形成。

与昔日马帮道路直接从村寨穿过不同，建好的昆洛公路从距离那柯里村寨西 500 多米的山腰穿过，这与那柯里村产生了距离：这不仅是空间距离，也是心理距离和社会距离。那柯里村民与他们村边的这条道路有着"既靠近又远离"的微妙关系，而这一关系，也在那柯里村民通婚圈变化中有体现：每天看着公路上并不多的货运卡车轰隆而过，却与村民们的生活几乎不产生交集；司机偶尔会停在路边（如中良子村）农户家休息吃饭，但是村民出远门能搭上顺风车的概率很小。但是，即便如此，这条公路仍然对那柯里的通婚圈产生了一些显而易见的影响。如"司机之家"食宿店的老板老蒋和老板娘阿真也是因昆洛公路而结缘的。下面是对老蒋媳妇的访谈：

> 我母亲是那柯里村人，父母结婚后搬到中良子村盖房子定居，他们到中良子盖房可能考虑的也是靠近公路吧。他（指老蒋）是景洪

---

① 访谈人为云南大学硕士研究生康禹熙；访谈时间：2018 年 10 月 3 日；访谈地点：那柯里村。

② 访谈人为云南大学硕士研究生康禹熙；访谈时间：2018 年 10 月 3 日；访谈地点：中良子村。

的，因为当时他经常在这条路上跑车，我外出的时候经常会在路上拦车，当时因为客车还很少，一般会拦货车，他的车载过我好几次，就这样认识，两人逐渐有感情了，后来就结了婚。①

类似这样的婚姻关系，在那柯里还比较多。由此可见，昆洛公路时代的那柯里通婚圈因为昆洛公路的通车而发生改变，靠近公路的一些村民接收到了公路的"拉力"，使得之前相对内化的通婚圈得以松解，也打破了之前较为封闭的通婚结构。婚姻不再局限于短距离的关系缔结，而是被公路的"惯力"带离村庄并被拉伸成与公路形状相似的线性结构；通婚阶层在这个"拉力"场域中不再具有决定意义。

图7-2 昆洛公路时代的婚姻圈

## 第三节 高等级公路时代的通婚圈

20世纪80年代以后，中国进入改革开放时期，"要想富、先修路"的口号使得各地迎来了兴修道路的热潮。国家对边疆少数民族地区的基础设施投资力度加大以及"大湄公河次区域合作"的不断推进，推动着滇西南公路的高等级化。建成于20世纪90年代的磨思公路就是在这样的大背景下修建的。磨思公路是昆洛公路中的一段，北起宁洱县磨黑镇，南至思茅市（今普洱市），全长80多公里。与老昆洛公路不同，磨思公路紧贴那柯

---

① 访谈人为云南大学硕士研究生赵晓丽；访谈时间：2017年7月25日；访谈地点：中良子村。

里村而过，直接成为那柯里村村民口中的"我们的路"。

此时的公路等级提高，而且道路上的车流量也大大增多，10 多分钟一辆车经过的车流频率使路边村寨的区位优势大大提升。川流不息的载货长途大卡车需要沿途停歇休息、吃饭住宿，于是那柯里人又开始重操祖上旧业，只不过旧时的马帮驿站由具有现代色彩的汽车旅馆（路边食宿店）所替代。磨思公路修建时，政府共向那柯里村民征地 82 亩，一部分村民因此获得经营汽车旅馆的原始积累。村民们利用这一原始积累，在村边沿路盖房建屋、开食宿店，一时间十几家食宿店如雨后春笋般兴起。红火的生意使经营食宿店的那柯里村民一跃成为县里的明星农民企业家，村民不断加入旅店业使那柯里汽车旅馆规模不断扩张，沿着公路向离村庄更远的方向延伸，那柯里的通婚圈在这一时期也经历着变迁。

经营汽车旅馆的老郭（男，1968 年生人）讲了他兄弟姐妹的情况：

> 我家有六个兄弟姐妹，其他五个都出去工作或嫁到外地去了，就我一个还在那柯里。我家大姐读书只读到高中，当时是考到普洱（今宁洱县）畜牧局工作，也就在普洱嫁人了，另外两个妹妹去思茅打工就嫁去思茅了。我还有两个弟弟，一个在昆明，一个在宁洱县城里。

村里一名赵姓老人（女，1934 年生人）讲述了她孩子的婚姻状况：

> 我生了八个孩子，有五个姑娘，三个儿子。现在只有四姑娘和一个儿子在那柯里，其他的六个都在外地，在普洱的有四个，三个姑娘，一个儿子，其中两个姑娘是去打工嫁在普洱的，还有一个姑娘是结婚后才搬去普洱的。另有一个儿子在宁洱打工，还有一个姑娘嫁到西双版纳去了。

另一个经营汽车旅馆的女子（1965 年生人）也讲述了她兄弟姐妹的婚姻情况：

我母亲生了三个孩子，现在我们姊妹三个就只有我还在留在那柯里，另外两姊妹嫁到其他地方去了。大姐嫁到普洱三家村，小妹嫁到西双版纳的勐养镇，在割橡胶。她们嫁走后我就再没有见过她们，我眼睛不好所以没有去看她们，她们也再没有回过那柯里。

村里的年轻人小张（女，1988年生人）讲了她父母的一些情况：

我爸爸他们那一辈家里有四兄弟，现在全部在那柯里，我妈妈是从思茅三家村嫁来那柯里的，伯娘们一个是从宁洱勐先乡嫁过来的，一个是从思茅来的，还有一个是从同心镇来的。

这三个村民所提供的个案基本上反映了那柯里村20世纪八九十年代结婚群体的通婚圈特点，那就是那柯里村民的通婚圈从本地向宁洱、普洱、西双版纳等扩张。这一扩张与昆洛公路时代道路走向密切吻合的线性特点不一致，通婚圈以村寨为中心，呈现向外同心圆扩散。那柯里人的婚姻网络在时空距离压缩和村民寻求经济机会与就业机会的相互作用下被扩展至更宽广的视域，通婚圈也随着这样的大背景而发生着变迁。外嫁和娶入地理空间距离一致，婚入和婚出的地区大致相同。通婚阶层也扩大到更大的范围，不再仅限于马帮时代的农民与农民婚姻关系的缔结和昆洛公路时代的农民与司机、修路民工的结合，这一时期的通婚阶层已经扩展到农民与教师、农民与工人、农民与商人等。

进入21世纪，昆洛公路被"昆曼国际大通道"所取代，路边村寨那柯里由此开启了高速公路新时代。不过，高速公路的封闭性使那柯里村失去之前经营汽车旅馆的优势，所幸的是它仍然凭借着历史时期茶马驿站的文化符号，被地方政府开发成为当地知名的旅游景区。农家乐、客栈、参与性游乐等旅游经营，成为那柯里村民新的赚钱方式。茶马驿站这一文化旅游符号所形成的"文化之路"，依然引导着人流、物流、信息流流向那柯里，对那柯里村年轻人的观念产生着影响，从而调整着他们的婚姻选择方向。

小 Z（男，30 岁）曾在外省读大学，学习旅游管理专业，毕业时刚好遇到政府对那柯里进行乡村旅游开发，因专业对口他选择了回乡创业。他对自己的发展比较满意，不过已经 30 岁的他还没有结婚，他说：

> 在以前这个年纪还不结婚，村里人肯定会说是找不到媳妇了。但是自从旅游开发之后，村里人开始和外面来的人接触，思想变开放了很多。现在在那柯里，我这个年纪没有结婚也很正常。我父母观念挺开明的，觉得现在是自由恋爱时代，对我的婚姻没有什么限制，对于以后的结婚对象，就算是外省人父母也都可以接受，他们觉得哪里人都是一样的。我妹妹原来也是在昆明上的大学，现在在思茅打工，也到了该结婚的年纪，但是父母从不催她，对她找对象没有什么要求，只要她自己看中就好。①

对于年轻一代，父母对他们的婚姻几乎插不上手，父母也比较开明，并不太干涉他们的个人选择。下面是对一个中年村民的访谈：

> 我结婚的时候家里人主要考虑的是希望我不要嫁太远，时不时能回个娘家或者家里亲戚之间有什么事都能帮个忙，所以一般就是在那柯里周边或宁洱、普洱一带，家庭条件过得去，两个人也合得来就可以了，其他没有什么要求。像现在我儿子和儿媳他们就不一样了，现在我们村交通太方便了，家里也有了车，所以基本上不会对他们找对象有什么限制了。我现在的儿媳就是澜沧的，就是他们在普洱打工的时候认识的，她娘家离那柯里是远了一点，但是现在可以开车，那边有什么事我们也经常去帮忙的。还有像我们家采茶，忙的时候她的娘家人也会来帮忙。②

---

① 访谈人为云南大学硕士研究生康禹熙；访谈时间：2018 年 10 月 4 日；访谈地点：那柯里村。
② 访谈人为云南大学硕士研究生赵晓丽；访谈时间：2017 年 7 月 26 日；访谈地点：那柯里村。

那柯里旅游的发展，不仅吸引了像小 Z 这样的年轻人回乡创业，同时也吸引了外地的男子追随着村里的女孩来到那柯里安家落户。村里一家烧烤店老板的女儿，外出打工几年之后回到那柯里，她对象是西双版纳人，因修建那柯里的旅游设施来到村里，从而两人相识。男子觉得那柯里发展态势很好，无意回西双版纳发展，就在这里找了女朋友准备做上门女婿。村口冷饮店的店主是北京某大学毕业的，也成为那柯里村民经常聊到的话题。她不只自己一个人回到那柯里，还带回了自己的男朋友。下面是对这位女子的访谈：

> 问：你和男朋友是在哪里认识的？你们怎么会选择回到那柯里？
>
> 答：我在北京读的大学，毕业了之后在昆明工作了两年。我在昆明认识了我的男朋友，后带他回来那柯里看一看，然后我们都觉得这里可以发展，就一起商量着回家创业了。我在外面读书，但是并不会对外面的世界很感兴趣，而且外面工作压力太大，打工也赚不了多少钱。
>
> 问：你的男朋友是哪里人，以后结婚了也打算在那柯里生活吗？
>
> 答：我男朋友是外地人，而且他从小生活在城里，但是现在他和我一起在那柯里开的冷饮店生意挺好的，他很满意。我们双方家长都挺同意我们在这里（发展），以后结婚了也继续在这里做生意，他就算是我们村的人了。①

可见，年轻女子从外面带了男朋友或者丈夫回到村里发展的并非个案，这是那柯里村年轻人婚姻的新特点。

小 G 是一个 20 多岁的年轻人，英俊帅气，颇为能干。在他奶奶眼里，这个天南海北有很多朋友的孙子不经常在家里好好落脚，到处跑生意。他与那些外地朋友关系密切，"他玉溪有个朋友，每年都要过来我家里住上至少一个月，他们相处得像是亲兄弟。我孙子出车祸的那一次，他这个朋

---

① 访谈人为云南大学硕士研究生赵晓丽；访谈时间：2017 年 7 月 26 日；访谈地点：那柯里村。

友连夜从玉溪赶来看望他"。当问及小 G 是否有女朋友时，小 G 父亲不无得意地夸耀说："有一个韩国女子一直在追他。这个女孩是来我们村旅游时认识我儿子的，之后就一直不断地坐飞机来找我儿子，非要嫁给他。"

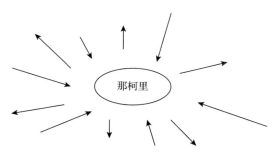

**图 7-3　高速公路时代的婚姻圈**

今天那柯里村年轻人的爱情和婚姻追求已与以往大不相同。影响年轻人婚恋观和通婚圈的，已经不仅是连接边疆与内地、国内与东南亚的国际大通道所经过的空间与社会，还包括旅游业得以发展的"文化之路"和现代信息得以传递的"信息高速公路"给他们带来的新的立体的区际化、国际化发展空间。在这个日益扩大的空间里，他们的通婚圈也从 20 世纪八九十年代的同心圆模式向今天的离散型模式发展。

# 小　结

对那柯里村村民通婚圈的田野研究表明，道路是改变这个村村民社会交往模式的重要因素。在马帮时代，尽管通婚圈显示那柯里村村民仍以熟人社会内部缔结为特征，但是婚姻配对信息的传递与"道路""马帮""马店"等已经形成了密切关联，使这个偏僻的村落能够吸引周边或城里的经济地位相对等的家庭。在昆洛公路时代，公路建设"大会战"中的筑路工人与村民产生交集以及村民可在公路边搭便车的便利性，打破了传统村落封闭的人际交往模式，使那柯里村民通婚圈向外扩张。也正因为这个打破封闭的"锲子"来自道路，通婚圈的扩展方向与道路走向重叠而呈现线性特征。而这一时期的其他村寨，仍然继续维持着传统的地域性熟人社会通婚圈。那柯里因其路边村寨的特征而使通婚圈发生变迁的个案虽然不多，但是那柯里的通婚圈不仅与道路关联的特点明显，而且具有很强的社会示范效应，嫁道班人、嫁司机成为很多村落女子的婚姻理想。这表明，即便在计划经济时代，道路带来的开放性对一个路边的传统村落的影响也是不容忽视的。

改革开放后，随着公路建设的高等级化，从三级公路、二级公路向高速公路不断发展的道路，使那柯里村民深深嵌入有形道路和无形道路的影响之中。磨思公路时代，那柯里村利用与道路毗邻而居的区位优势发展汽车旅馆，对道路的主动利用使他们的婚姻圈呈现同心圆圈层扩大的效应。从线性向同心圆的婚姻圈改变，仍然是村寨边的这条道路起到了主导性作用：它带来了人（司机、乘客），这些与他们交集不多的陌生人给他们带来的经济财富、多元信息和对外部世界的想象，都成为村民主动拓展社会关系的有形资本和无形资本。与周边村寨村民相比，他们更早地拥有了私家车来跑生意，大大拓展了他们的社会活动空间和人际交往半径；他们更早地走出村寨到外面寻求工作机会，也使他们婚姻选择的空间范围大大扩展。

在高速公路时代，那柯里村的年轻人的婚姻选择呈现散点状、随机性特征，很难用"圈"进行界定。结婚或单身、出嫁或入赘、找个当地人或外地人，所有与婚姻有关的选择，都是当事者个体的意愿，与他人无关，也似乎与村寨边的这条道路无关。但是，正如现代化通道已经不能仅用一条有形的道路所界定一样，影响村寨年轻人择偶的因素，已经超越了有形道路给他们带来的人流和财富，更多的是无形道路（村寨茶马驿站象征的"文化之路"以及网络时代的"信息高速公路"）带给他们更为丰富的、开放的、多元的世界，塑造了这一代人的新的社会交往模式，从而引致了这一代人的婚姻圈变化。

婚姻是人生礼仪的重头戏，从那柯里这个路边村寨村民的通婚圈变迁中，我们看到，不同时代所上演的婚姻大戏与道路都有密切关系，可谓千里姻缘一"路"牵。当然，道路并非通婚圈变迁的唯一或决定性影响因素。改革开放给中国社会带来的体制改革、社会变迁、观念更新是全方位的、无处不在的，婚姻的影响因素也是多元的。道路在婚姻关系缔结中所起到的重大作用，主要体现为道路能够快速地将种种社会变革因素，通过路的传递输入其所通达之地，使人们能够更快地受其影响，从而呈现引领风气之先的示范效应。路边村寨那柯里村民的通婚圈变迁，也正是在这个意义上体现出与道路的关联关系，从而使道路嵌入了村民婚姻关系的缔结之中。

# 第八章　改变的和被改变的：那柯里村的现代性讨论

从马帮道路到昆曼公路，这是边疆少数民族地区从传统社会向现代社会转变过程中的一个嵌入的外部景观。然而，道路变革的意义，绝对不止于物态景观的变化，更是与之相关的人和社会生态跟随着时代的改变，这种改变可以用现代性来概括。

什么是现代性？艾森斯塔德用社会进化论解释现代性，认为其就是变异，是一种社会系统内部的各有机体发生了不同于过去的改变，并有一种整合手段对其变异进行系统性整合，形成新的平衡。① 滕尼斯则认为，现代性就是从礼俗社会走向法理社会。在礼俗社会中，社会关系有伙伴型、权威型、混合关系三种类型。"在法理社会的社会关系中，也可以找到伙伴型和权威型关系之间的区别。但是，这区别只源于以下事实：权威是建立在自由契约之上，不管这契约是个体之间的服务契约，还是很多人做出的协议，承认一个主人或领导，将之放在自己之上，有条件或无条件服从他。"② 韦伯从理性主义出发，认为现代社会是一个祛魅化的社会，即理性社会。福柯、吉登斯、西美尔、盖尔纳等诸多学者也对现代性提出了自己的观点。汪民安在《步入现代性》一文中，对现代性进行了总结性概括："现代性的发生，其另一种表述就是现代同过去断裂：制度的断裂、观念的断裂、生活的断裂、技术的断裂和文化的断裂。现代之所以是现代的，正

---

① S. N. 艾森斯塔德：《社会变化、变异和进化》，载汪民安、陈永国、张云鹏主编《现代性基本读本》（上），河南大学出版社，2005 年，第 26 ~ 40 页。

② 费迪南德·滕尼斯：《礼俗社会和法理社会》，载汪民安、陈永国、张云鹏主编《现代性基本读本》（上），河南大学出版社，2005 年，第 57 ~ 69 页。

是因为它同过去截然不同，它扭断了历史进程并使之往一个新的方向——我们所说的现代的方向——进展。"①

在那柯里村寨，我们从村民们主动寻求市场机会的自我奋斗之中看到了他们的改变和被改变；我们从村民们理解陌生人的态度变化之中看到了改变和被改变；我们还从民族文化传统变化之中看到了改变和被改变。在这一切改变与被改变之中，我们看到了上述所讨论的现代性。

# 第一节　被改变的农民

那柯里是被道路改变的村寨，被道路改变的有村寨景观、村民生计、村民婚姻圈，更有村民的日常生活。在那柯里的村庄居住空间里，生活着三个不同的群体：被道路抛弃者、2007 年地震后搬迁者、2014 年旅游规划征地后搬迁者。他们以不同的身份居住在村庄的不同空间，伴随着道路变迁和国家政策的实施，形成了他们各自不同的经济模式和日常生活。

## 一　那柯里村的年轻人

通常情况下，走进今天的村寨，很少见得到年轻人，村寨里见得最多的是老人和小孩，能够见到的大叔大妈，多数也是 50 岁开外的年纪了。但是，走进那柯里你却能够看到不少 20 多岁的年轻人，他们或在村委会工作，或开特色民宿店，或从事特色旅游服务业。这群有想法的年轻人，都在外面上过大学，接受过良好的教育，也在外面的世界闯荡过，脑子里装满了各种新理念。随着那柯里旅游经济发展日益红火，他们在自己的家乡看到了理想可以实现的机会，于是，毅然辞别城市，回到了自己的家乡那柯里，开始他们的创业历程。

（一）村委会主任小张

小张，是我们调查组最早接触的年轻人。之所以他成为我们最早认识的年轻人，是因为他是那柯里村委会的副主任，我们刚进入村寨就在村委

① 汪民安：《步入现代性》，载汪民安、陈永国、张云鹏主编《现代性基本读本》（上），河南大学出版社，2005 年，第 12 页。

会见到他了。同时，我们调查组的部分同学住在他家新开的小客栈中，通过与小张及其父母的交流，我们对小张有了更多的了解。

小张在南昌上大学，学的是旅游管理专业。大学毕业后，他作为旅游管理专业的学生，在昆明等地的旅行社工作过几年。那时，那柯里正在进行旅游开发，每次父母给他打电话，都告诉他村里的新变化，村寨的小伙伴们也相互传递家乡发展旅游的各种优惠政策。小张想，自己是学旅游管理的，家乡大力发展旅游，这不正是他施展才华的最好地方。于是，小张辞职回到了那柯里。

那柯里最早的旅游经济是从周末旅游开始的，主要游客是宁洱县城、普洱市的人。他们周末出来休闲度假，自驾车往返，并不需要导游，也不需要旅行社，这与小张之前期望的发展方向有些偏差。正好村委会在旅游开发中需要做很多文字材料工作和村民协调工作，有文化、懂电脑、性格平和、做事稳重的小张，被村民们"发现"了。于是，在村委会换届中，小张被选为村委会副主任。

当上村委会副主任的小张，天天都在忙里忙外，总有做不完的事情。很多时候，是忙着向乡上级提交的各种报表和资料。这些年，政府给那柯里的项目多，各种项目前期申报、中期检查、后期总结，以及运营中的效果跟踪，都需要进行管理和做各种材料，他的旅游管理专业知识主要体现在项目管理中。在那柯里旅游开发中，村民之间总是会产生种种利益之争。矛盾闹到村委会，小张总是用他独特的温文尔雅的方式来解决。对于小张的工作，父母非常支持，父母不仅承担起家里茶园的所有农活，让孩子有充足的时间投身村委会的工作，而且以身作则把自己家那块位于村寨中心的水田作为景观田保留，不做任何商业开发。

2023年，当笔者再次带学生到那柯里调查时，小张已任那柯里村村委会主任，说话做事更有自信。当问到他现在做乡村工作遇到困难和有人相互推诿责任，他是怎么处理的时，小张提高声音说："遇到困难和问题，当然是我来承担责任。"

（二）"高老庄"家的小帅

那柯里村的"高老庄"既是一户姓高的农户家的宅院，也是高家经营生意的场所。小帅是调查组同学们对"高老庄"年轻主人的亲切称呼。22岁的小帅阳光帅气、热情活泼，充满青春活力，是个名副其实的小帅。小帅高中毕业上了一个大专学校，毕业后去了广州打工，后来看到那柯里发展旅游业，就回村开始自己创业。

回到村寨的小帅雄心勃勃准备大干一场。近年来旅游经济中的体验经济是一个新兴方向，也是一个热点项目。见多识广的小帅率先在那柯里搞起了体验经济。他大学学的专业是茶艺，回到那柯里之后，他的第一个举动就是把自己的农家乐转型为茶文化体验中心，他们家茶园的茶叶不再卖给那些茶商了，而是供游客自己体验做茶。"高老庄"院子内的作坊里有成套的制作工具，包括炒锅、石磨（用来压茶）。据介绍，制作普洱茶共有十二道工序，游客可从鲜叶杀青开始到最后的茶饼成型，全程体验，然后将自己亲手制作的茶饼带回家。不仅如此，小帅还将自己的名字注册了商标，用在了自家作坊出品的茶叶上，不仅卖给过往的游客，也在互联网上销售。他还规划利用自家的茶园开展亲子采茶体验项目。

小帅的第二个旅游项目是骑马游古道。在以茶马驿站为噱头的那柯里，古老的马帮道依然存在，但是马帮早已成为记忆。来那柯里旅游，骑马体验一下，虽不是真正的马帮旅行，但也是游客感受马帮驿站文化的一种方式。小帅看到了这一潜在需求，与朋友合伙，专程从大理巍山购买来六匹马用于骑马游古道的体验项目。"为了更好地将茶马古道这个文化利用起来，所以才买的马。"小帅说。高家在高速公路旁的另一栋宅院（高家有两个儿子，这是父母为以后儿子分家新建的房子）建有马圈，还修有跑马场。他还准备开一个茶马古道的摄影工作室，吸引游客来那柯里拍写真。小帅的父母很支持儿子创业，他们觉得年轻人比他们老一辈的人有想法。

为了让自己的项目吸引更多游客，2017年6月，小帅注册了"那柯里"微信公众号，在里面发了几篇文章——《普洱有一支那柯里马帮》《在那柯里发呆》等。文章充满情怀，描绘了那柯里的美丽景色，讲述了那柯里的历史典故，其中有一篇文章是这样写的：

　　　　徜徉在那柯里的时光里，在思念的浸泡中流连；徜徉在那柯里的时光里，在《马帮情歌》多情的旋律中恋爱。徜徉在那柯里的时光里，给人最美的是清纯；徜徉在那柯里的时光里，给人最真的是豁达与宽容……徜徉在那柯里的时光里，走在花开的情句里。种一棵希望的种子，梦一个秋天最真实的童话，悠扬千年的风韵。

　　这些流行时尚的方式，不仅给小帅带来了生意，也为那柯里做了很好的宣传。

　　小帅爱好弹吉他玩音乐，他和几个好友成立了一个乐队，经常在一起演唱，自娱自乐。

　　　　看见小帅在弹吉他，我也就问了是不是爱好，他说是的，和几个好友成立了一个叫新马帮的乐队，做了几首原创歌曲（《那柯里》《美丽的高老庄》），他还放给我们听。对我们这种外行人来说，歌曲很好听，我们还和他说如果放在网络上推广，难说那柯里会火到不行，小帅羞涩地笑了笑。不一会儿，小帅的乐队朋友来了，调皮地叫"高总"。他的朋友都不是本村人，大家就一起弹起唱起了。在这个过程里，小帅抱来了一大摞曲谱，在里面我发现有一本练习册，上面写着他做马帮的策划方案，内容很详细。这一份策划方案包括如何购买饲养马匹、如何运营、如何在村里宣传以及政府的允许范围是什么。方案很清晰，目的也很明确。①

　　2017 年 7 月我们课题组调查的时候，小帅的茶文化体验中心刚运营不久，马刚买回来，小帅正在对马进行适应性训练，也在积极做骑马体验项目的准备工作，如向政府申请骑马旅游道路等。2023 年笔者再次来到那柯里时，看到骑马体验项目已经在较为成熟地运营，成为那柯里旅游的特色项目之一。

---

　　①　云南大学硕士研究生赵晓丽田野日记，2017 年 7 月 23 日。

在那柯里，不仅有小张、小帅，还有其他的年轻人，也和小张、小帅一样，受过一定的高等教育，被现代化的城市生活方式所吸引而在城市里打拼过，他们最终回到了自己的家乡，在家乡这片沃土上种下了自己理想的种子。他们的理想很快就生根发芽，他们现在经营着自己的事业，他们感觉到脚踏实地，他们信心十足。而村寨因有了这样一群回乡的年轻人，村而发生着改变，那柯里乡村旅游业将来的升级发展，靠的就是这群村里的年轻人。

## 二　追随道路"上山"和"下山"的罗姐

罗姐是那柯里行政村中良子小组的村民，她的人生经历，在那柯里是极具代表意义的。调查组沈学政老师的田野日记生动地记录了罗姐与道路密切关联的人生轨迹：

> 罗姐，彝族人，43岁，家住那柯里村的中良子小组，在原来的213国道旁。第一次遇到罗姐，是在"茶人故里"——杨姐的民宿之中。杨姐不是那柯里本地人，而是外来投资者，看中了那柯里未来的旅游开发前景，所以提前来到此处进行民宿建设。杨姐的弟弟是普洱茶茶商，因涉及茶叶生产问题，所以他特意赶来与我们交谈。为了管理这个民宿，杨姐特意聘请了罗姐作为店里的厨师和管家。至于她们是如何相遇的，杨姐说她是在乡村文艺队表演时，一眼相中了罗姐。罗姐身形很瘦小，长相很是清秀，罗姐给我们看了很多自己带妆的照片。

> 吃饭时，罗姐说起20年前她也是开饭店的，就在老路上（老213国道）开店。这个信息对我们非常重要，因为当时老路上开的店仅有3家。随着村里主要交通道路从山上向山下转移，老213国道逐渐被废弃。路上的过往车辆越来越少之后，他们将店门封起来，重新调整方向，不再对外经营，重新回到茶叶农作。

> 罗姐的学习能力很强，她到了那柯里小组后，不仅要重拾厨师工作，还要管理民宿，并且要在空闲时包装茶叶。我们去时，她正在门口做着普洱龙珠，这是一种球形的大叶种生茶。制作方法比较简易：

先用计量器称好 8.4 克的普洱生茶叶，然后塞进一个长度约为 10 厘米的三角布袋，再放入一个小型电饭锅里隔水蒸；15 分钟蒸软了之后，再把布袋取出，然后用手把松散的茶叶隔着布袋揉成球；等温度冷却之后，再把揉紧的龙珠从布袋中取出来，放在室内阴干，就可成型。

民宿不仅提供食宿，也会销售这些茶叶产品，罗姐一天要做几百个这样的龙珠。虽然罗姐家也是进行茶叶劳作的，但主要是茶叶种植和采摘，进行鲜叶的销售。做这样的成品茶，她此前并没有接触过。那柯里一带的茶叶经济，在产业链中属于低端生产环节。在整个云南普洱茶的背景下，那柯里只是无数个生产低价台地茶的村寨之一，平均 40~50 元的春茶，与那些动辄上万的古树茶不可相比。

罗姐的娘家在宁洱的坝子（山间盆地）上，罗姐小学三年级就辍学了，家庭条件不好，兄弟姐妹 9 个，父母供不起。罗姐 15 岁时去了中良子，在汽车旅馆做服务员。当时，是她的姐姐带着她一起到这个汽车旅馆打工的。因为来饭店罗姐认识了现在的丈夫，当时他也在饭店里打工。罗姐当时以跑堂打杂为主，什么事都做。管理饭店的大姐是她丈夫的姐姐，就这样他们成了一家人。

老 213 国道时代，当时的中良子村正处在交通要道上，非常热闹。沿路共开了 3 家汽车旅馆，生意都很好。罗姐家的饭店是第二家，那时的店名就叫中良子饭店。饭店开了七八年，生意非常好，饭店里设置了 3 个房间，床是木头架子，很简单，但是每天都能住满。因为去昆明、思茅的都要从这条路过，来往的货车很多，司机都需要住店。

当时，中良子小组以及临近的团山小组，经济都要比那柯里小组好，生意好的饭店繁华程度堪比现在那柯里的荣发、心园饭店等。食宿经济是村民的主要经济模式，这种模式与茶马古道没有什么关联，与茶也没有关联，当时的中良子和团山都是以果业和林业经济为主。

不过，自从开通了磨思公路，加之那柯里小组也开发起了旅游经济，现在那柯里小组在整个那柯里村的 16 个组里成为经济最发达的小组。1997 年磨思公路开通后，过往车辆不再走老 213 国道，原有的汽车旅馆生意越来越差，只能关门。旅馆的门原先是朝马路开的，也改为朝侧面开以便自家居住。

饭店关门的那年，罗姐才23岁，和同样在饭店里工作的丈夫结婚了。一年后，两人生了孩子。从此，罗姐从饭店服务员转为家庭妇女，家里的生计也从饭店业转为农业，就这样一直居住在中良子。我问她怎么只生一个孩子，她说那时家里经济条件差，老公家这边兄弟姐妹有七八个，地也分光了，到孩子这一代也没什么地可分了，所以就没再生。乡村的生娃逻辑背后是家庭财富的分配，这与城里人的逻辑有很大不同。没有地可分，也就没必要再生二胎。

她笑称自己是从坝子到了山上，生命的轨迹是呈曲线的。我问她，从平坝嫁到山地来，和自己在平坝上生活的兄弟姐妹相比经济条件是好，还是差？她说，山里的条件还是差。兄弟姐妹们都在外面打工，挣钱多。平坝经济比山地经济要好。但那柯里人一般都不出去打工，因为要照顾家里。

没有了汽车旅馆，中良子小组以农业经济为主要模式，支柱产业就是茶叶，茶园面积比那柯里小组要大，产量也高。家家户户都有十多二十亩的茶园，罗姐家就有十七八亩。山地经济，只能是靠山吃山。先是采松油，后来封山了，不让采松油，就开始种茶，自己买来茶苗种植。挣钱的门路太少，唯有种茶，靠每天的鲜叶销售来维持一家的生计。

在山上的生活，每天就是采茶。这样过去了20年，现在罗姐又下山了，来到了那柯里小组。因为少了一个劳动力，所以需要将自家的一些茶园出租给别人，采不完的就放着了，准备以后做野放茶，以适应生态茶的建设。丈夫在家里养鸡、种地、采茶，而她下山打工，她是中良子里唯一一个下山打工的。不过，罗姐说下山打工并不是为了钱，这里的工资并不高。她每天在山上采茶，每日也有一两百元的收入，除去农药化肥的成本，和现在的收入也差不多。

罗姐是那柯里文艺队的一员，她们有一个微信群。2017年宁洱县组织了文艺培训，教她们跳舞，还发给她们服装。文艺队由每个小组选派人员参加。当时她来那柯里小组这里跳舞，被现在的老板娘杨姐看见了，杨姐就叫她来管理茶人故里客栈。到现在为止，罗姐到这里才一个月零六天。

罗姐说，那柯里小组没有做旅游时经济并不好，田少地少。现在开农家乐、开饭店，条件好。现在磨思公路从这里走，地震后政府对那柯里小组的投入也很多，反而高山上的中良子并没有享受什么政策。以前最差的那柯里小组，因为道路的改变和政策的扶持，成了富裕地区。不过，那柯里小组人群也存在收入分层，那些开农家乐的人家收入较高，但还有占半数的人家没有开店。几家新开的农家乐与前些年就经营的饭店相比收入相差很大，如心园饭店一年可以有几百万元的收入。

谈到未来，罗姐说她将来想开自己的饭店，她对老 213 道路重新修建的美好未来充满希望。她说，现在已经从同心镇这边修过来了，老路要加宽，再修一遍，以后会比磨思公路还要宽。这样，上面（指中良子）和下面（指那柯里）都会有生意。所以，现在她在那柯里的工作，其实是为了今后重新回到山上的提前演练。而同样对未来抱有美好期望的是"黑猫旅社"的老蒋，虽然年近 70 岁，但已开始进行各种产业复苏的准备。

在我跟踪的多个村民生活变迁案例中，我发现罗姐的人生轨迹比较有意思，从坝子到山上，再从山上到山下，未来还想从山下到山上，呈现一个 N 形流动路径。围绕这个路径，驱使这种流动产生的是对经济利益的追求，对自身家庭发展的追求。而这背后，隐藏的不仅是公路开发所带来的外来刺激导致的改变，还有国家政策对乡村发展的促进作用。①

其实，罗姐追随着道路不断"上山""下山"，放弃传统农耕经济，或称为路边经济的打工人，或称为路边经济的小老板。这样的经历，并非她一个人的特殊人生轨迹，在西南边疆少数民族地区的路边村寨，有无数个"罗姐"在道路形塑下改变着自己。在道路经济的牵引下，他们从以农耕

---

① 云南大学第九届民族学/人类学田野调查暑期学校学员、浙江农林大学沈学政老师田野日记，2017 年 7 月 26 日。

为主的传统农民，转变为路边经济的打工者或者小老板。他们有主动学习的干劲，学着去做服务业，学着去当小老板，学着去做旅游业，以其顽强的主动性和灵活的适应性去应对道路变迁给他们生计造成的影响，适应现代化带给村寨的新变化。在这些普普通通的"罗姐"身上，我们看到了乡村社会的现代性。

### 三　仰望天空的村民

每次翻阅调研组同学们的田野日记，笔者都会被何少迪同学的一篇日记所感动。少迪来自华南农业大学，是 2017 年云南大学暑期学校的学员，她以自己独特的视角来看那柯里村民，她的日记记录了那柯里村民农家乐的菜谱、游客点菜的方式、农家乐经营者与食材供应者之间的关系。在她的一篇《飞机飞过那柯里天空》的田野日记里，她是这样写的：

　　上午九点半左右，那柯里村庄，安静得像没有苏醒过来。商店还没有开门做生意，没有游客，老人坐在自家的院子里晒太阳，妇女拿着扫帚在扫门前的地，孩子还在妇女旁边看着尘埃聚成一团。男清洁工在扫走夜晚留在乡间小路上的落叶和落花，女清洁工蹲在地上拔长在路边墙角的野草。奇怪的是，他们手上并没有簸箕，我在路上边走边看着他们如何处理道路上的"垃圾"。男清洁工将落花落叶扫入小道旁的溪流；女清洁工将拔好的草扎成一把走到风雨桥旁边缺口处，往风雨桥下一甩手。所有的落花归于流水，野草归于尘土。对于这样的"垃圾"从哪儿来、往哪儿去，清洁工内心自有分明。

　　走过风雨桥，便看到荣发马店的旗幡在微风中飘动着。李大爷和风雨桥旁边烤红薯的人坐在小板凳上闲聊，见我来了，便招呼我坐下。李大爷在拿板凳的时候不小心弄碎了一个瓷罐子，他一边捡起地上的碎片一边往桥下的小河扔去。这样处理"垃圾"的方式和动作，十分自在。

　　我走上马店的厨房，和往日一样。我向阿姨问好之后，阿姨说："来了啊。"今天天气放晴，阿姨说："好久没见过这样好的天气了。"

天空蓝得很普通，大朵大朵的云在努力地积聚，等着来一场午间雨。这时，天上发出轰隆隆的声音。厨房帮工的小弟抬头望，在找寻发出声音的物体。忽然之间像是找到了罕见物，用手指向天空，说："快看，飞机。"这时李大爷从一楼上到二楼，也兴致勃勃地告诉我们："有飞机飞过。"我抬头向天空望去，见到像一朵白色小花大小的飞机在蓝天飞过。厨房里的阿姨也抬头望了一下，就继续低头做自己的事情。阿姨说："应该是飞思茅机场的。"飞机飞过那柯里的上空，下方流动着物和人，对于这里的人来说，是一种什么样的心情？人们以什么样的日常来面对流动着的游客？我开始思索这样一个问题。那柯里对于从远方而来的人又意味着什么？居住在那柯里的人们是不是也是别人的远方和诗？生活在那柯里的人们呢？对于自己现在的生活是怎样的一种态度？满意吗？也同样像游客渴望远方一样渴望到外面看看远方吗？

李大爷坐在卖烤番薯的小摊里面，看到游客举着相机的时候，很自然地坐到大堂中间写着荣发马店的横幅的主位坐着，似乎在等着游客和他握手、合照。每天他穿着一件"戏服"般的马褂（彝族服饰）。没有人考究他的服饰。周一早上他穿了一件黑色西服、白色衬衣，坐在卖烤红薯的小摊处，就是一个普通老人坐着和人聊聊天。等到十点多有游客来的时候，他就换上了他那件"马帮式"的马褂，穿在衬衣外。人们来一遍一遍问他一些故事，他一遍一遍回答来来往往的人们。人们不分辨真假，大抵这些话，和那柯里的风景一般，看过就算了。他的小孙子常常牵着他跑来跑去。小朋友就会拉着他跑在前面，李大爷跟在小朋友后面迈着大步子。这个院子也许曾经是李大爷的童年活动场域，如今是他孙子的活动场域。这种潜藏在这个空间的记忆，有谁记得？记得又意味着什么？李大爷则搬着小板凳坐在院子里晒太阳。小孩子有很大的活动空间，整个大院，每一处景点都成为他们成长的日常场景。

李大爷的孙子——荣发马店老板，七点会开着他的皮卡车到"街上"（县城农贸市场）去买菜。回来歇息的时候，也坐在烤红薯的贩摊

处，座位和坐姿同李大爷如出一辙。一大波一大波的游客来的时候，他
会主动上前帮游客拍照，如卖菌子的人说道："是一个很和气的人。"①

上面的描述，是那柯里的日常。然而这日常生活却透出了那柯里村民
们在乡村旅游开发以来的变与不变，以及他们对未来的期望。从李天林随
意扔到河里的垃圾，我们看到了那份曾经属于他们的生活方式，还依然时
隐时现地呈现在他们的生活之中；小孩子们满村地欢快跑动玩耍，其实也
是老一辈人童年最美好的记忆。他们依然在一辈一辈地传承着。但是，他
们的生活已经在现代化进程中发生着巨大变化，曾经自己种地种菜自我供
给的时代早已远去，如今的那柯里村民每天需要开车到十几公里外的县城
买菜，开农家乐的是为餐厅配备新鲜的食材，不开农家乐的村民同样搭个
顺风车到城里买菜，这背后的变化是市场经济带给他们的改变。荣发马店
的李天林把自己作为那柯里的风景，满足游客的好奇心，他的开放包容心
态，正是那柯里村民能够超越他们所处的地理环境而不断寻求发展的表
现。那柯里村民之所以"因路而兴""因路而变"，并非死守着村寨边的这
条道路，正如他们会抬头看天上的飞机一样，他们的眼光始终超越于看得
见的实体道路，试图在探索新的可发展之路。

# 第二节　理解陌生人

作为路边村寨，与其他村寨最大的不同在于，道路会经常给路边村寨
带来陌生人。陌生人总是不期而遇，甚至闯入村民的生活空间。

## 一　曾经的陌生人

马帮时代的陌生人，是那些从大理、丽江、玉溪等地来的马帮队伍，
和周边一带的赶牛车的人和出苦力的挑夫。他们是匆匆的过客，或在旅店
里住一宿，或在村寨边搭起帐篷就地露宿。他们和村民们，只是服务与被

---

① 云南大学第九届民族学/人类学田野调查暑期学校学员、华南农业大学何少迪田野日记
《飞机飞过那柯里天空》，2017 年 7 月 25 日。

服务关系，很少有更深的交往。第二天一早，又赶着马往前方赶路，日复一日，年复一年。

老昆洛公路时代的那柯里村民，与陌生人的交集也是在路上，到公路上搭个便车，进城里去卖点药材，或去医院里看个病。在公路上等大半天，遇到一个热心的司机就有希望搭上顺风车；运气不好，等一整天也可能搭不到一辆车。但是，即便如此，这一时期村民们通过道路和陌生人有了更进一步交往的可能，开车的老蒋娶了中良子村的女子做老婆就是一例。千里姻缘一"路"牵，曾经的陌生人变成了亲密者，这是变化的道路带来的变化的社会关系。

磨思公路时代，那柯里村民通过经营汽车旅馆与陌生人发生了更为密切的接触。跑长途的汽车司机来这里吃饭、住宿，一来二去，汽车旅馆的老板和司机们都成了熟人，司机们又把自己的司机朋友介绍来吃饭，熟人圈在不断扩大，汽车旅馆的生意也越来越红火。

## 二 今天的陌生人

因为道路的原因，那柯里的陌生人在不断地来来往往，他们与村民的关系随着道路的改变而发生着变化。今天的那柯里，除了日益增多、匆匆来去的游客，还有一些外来精英，被地方政府请到了那柯里，成为这里的新村民。这些外来精英以突然的方式进入那柯里，他们的在地化过程，既是促进那柯里旅游经济发展的过程，也是挤压那柯里村民经济资源的过程，这一二重性决定了他们与村民的关系十分微妙。如何理解陌生人，对于那柯里村民而言，是一个在时间的坐标轴上不断磨合、适应的过程。

（一）北京的艺术家

随着那柯里旅游业的深度开发，村民参与旅游经济的积极性被激发了出来，近年来在我们的田野调查中，我们感受到几乎人人都在谋划如何充分利用政府扶持政策[①]，来发展自己的家庭旅游经济。当地虽有茶马古道、

---

① 中共宁洱哈尼族彝族自治县委办公室出台了《宁洱县民宿客栈等级评定及管理办法》，其中包括《运营管理服务质量评分表》《特色民族客栈特色项目评分表》《特色民族客栈设施设备服务项目评分表》等，凡是符合文件规定的项目政府都会给予奖励。

茶马驿站等历史遗迹，但是由于那柯里村面积较小，那柯里村民小组人口较少①，旅游开发深度不够，难以满足游客的吃、喝、玩、乐、购五位一体的旅游需求，游客逗留时间短，留下过夜的少。

为了增加当地的文化底蕴，丰富游客体验，政府花大力气引进外来文化，希冀借助外来文化使那柯里的旅游业丰富立体起来。前文提到的"那柯里普洱艺术村"项目就是基于这一发展目标而设计的。地方政府规划了那柯里村东南部的一块土地作为艺术村基地。艺术村里最早引进的文化名人是来自北京的一位艺术家 C，村民称之为"北京来的文化名人"。C 在这块地上盖起了别墅作为自己的艺术创作室，并把这块地用高高的围墙和大门圈了起来。别墅与周围景观格格不入，并且常常大门紧闭，村民和游客无法进入，与当地人的开放公共空间和半开放私人空间形成了鲜明对比。昔日的熟人社会突然设置了"禁区"，引起了村人的紧张与抗拒。这是2015 年 1 月课题组成员的田野日记中所记录的内容：

> C 的别墅建起以后，在围墙和大门口都安装了监控摄像头，有几个摄像头对着村寨。这在城里人看来是十分正常的一件事情，在村民这里却引起了强烈的反响。村民感觉他们的生活完全暴露在别人的"监视"下，他们对这种"监视"充满了怨气，一说起这栋别墅，村民们就十分激动，讲了很多不满。②

艺术家的生活，对于村民而言是异文化，村民们对此充满了好奇。但是一道围墙把别墅区里的外来者和村民们在社会空间上完全隔离，无法满足村民们的好奇与窥视欲。C 并非常住于此，这里只是他的一个采风点，他委托了几个外地人管理别墅。而这几个类似管家的人并不喜欢和村民打交道，甚至故意神秘化，如别墅里面的人偶尔需要在外面农家乐餐厅订餐送进别墅去，送餐的村民进去，他们会一路跟踪，不允许送餐者随便张望；村民有时会从山上向下看别墅区里人的活动，被发现后也会遭到管理

---

① 那柯里村区域面积 26.5 平方公里，那柯里村村民小组共 70 户，总人口为 267 人。
② 云南大学硕士研究生高孟然田野日记，2015 年 1 月 15 日。

别墅的人的投诉；等等。这一切进一步营造了外来者的神秘性，激起了村民的不满。于是，这位艺术家作为一种强制进入的外来力量和村民之间产生了很大的矛盾，代表性事件是堵路风波。

在这栋别墅尚未建起之前，村中有 9 户人家为了便于出门而合资修建了一条水泥路，长约 700 米，该条道路联通了山上的几户人家，是他们上下山的唯一通道。这条道路与后来建设的艺术村十分靠近。在艺术村建设过程中，由于经常有载重卡车驶入，路面被破坏。从当时路面情况来看，别墅附近的一段路损毁十分严重，有的地方已经不能行走，村民们砍了三根竹子横铺在地上搭起临时道路。几户村民集体要求政府重修，虽然获得正面的答复，但村民们认为并未具体落实（事实上，根据那柯里旅游开发规划，山上的几户人家在年内就必须搬迁，修路已无必要。而后来这几户人家也很快就搬迁到了"富人区"里）。村民们觉得自己出钱出力建的路如今不能使用，都是这位艺术家给他们带来的麻烦。种种事情堆积起来，村民的怨气越积越多，发生了堵路风波——一个村民用自己家的大卡车把别墅大门口的道路堵了。

> 自从 C 的别墅建好以后，我们修的大路就不通了，我们上山下山只能走小路，更别说用车子进出了。我家的大卡车现在只能放在院子里，没有路开不出去。为了让我们的车子出去，我家儿子就把车堵在了他们的（别墅）门口。但是 C 那边的人说，这是他们自己买的地皮，不让把车停在这里，强制要求我们立刻开走。当时我家儿子不在，我们老人家又不会开车，想等儿子回来再开走。但是 C 一方不听，就把我家的车给砸了。后来是政府过来协调，给了 400 块钱赔偿了事。①

从前文当事村民对此事的叙述中可以看到，该村民对自己的堵路行为并非理直气壮，而是采用了"儿子没有在家，未及时把车开走"等借口掩

---

① 访谈人为云南大学硕士研究生高孟然；访谈时间：2015 年 1 月 16 日；访谈地点：那柯里村。

饰其不妥行为。最终以对方赔偿 400 元了事，说明对方的砸车行为只是警告，并未对车辆造成较大损坏。但是，这件事情在当时引起的震动是十分强烈的，以至于我们 2015 年在村里调查时，几乎所有的村民都对我们讲到了这件事情，并将外来者描述为"霸道的""强硬的""不讲理的"。由此可见，村民利用堵路的方式来对待外来者，强烈地表达了外界力量突兀介入村寨所引起的社会焦虑。

有意思的是，村民们对这位艺术家的不满在逐渐淡化。并非 C 及别墅管理者改变了他们与村民相处的方式，别墅仍然紧紧关着大门，监控摄像头仍然"监视"着周边区域。但是，课题组 2017 年 7 月再次到那柯里调查时，村民们很少主动提起这位艺术家和他的别墅，或者他们在说到其他外来者时才会不屑地说"不像那家人不和我们交往的"，所指的就是这位艺术家和他的管家们。当课题组问起 C 与村民们的冲突时，很少人会提到之前轰动一时的堵路风波，这件事情似乎被村民们遗忘了。

调查组所住客栈的房东是那柯里村为数不多的与 C 有过交往的人，她家受雇于 C，为其管理菜园，她对 C 的评价与当地绝大多数的负面评价截然不同："C 老师很好相处，他很会为人，还来我们家看望过我家老人并给钱，我们老人去世时，他还来了。"当问及可否进入豪宅时，房东大姐说："我们可以进入，因为有钥匙，可是你们不可以进去，他们不允许。他有几个外地请来的管家，对家里进行管理……其实以前大家是可以进入的，但是因为人来人往太乱，他写东西需要安静，所以不允许大家进去。"

在我们看来，那柯里村民对这位北京艺术家态度的转变，并非时间磨去了人们不愉快的记忆，而是村民对外来者的态度缓和了。随着我们对其他外来者的了解进一步加深，我们日益坚定这一判断是正确的。

（二）普洱学院版画基地的艺术家

普洱学院版画基地是继北京名人之后那柯里引进的另一个项目，是艺术村项目的组成部分。该基地于 2015 年 12 月 25 日挂牌成立，全称是"普洱学院·那柯里绝版木刻教学学生创业创新教学实践基地"。

云南版画作为一个独立画派，在国内外有着很高声誉。云南版画具有很强的民族风格和浓郁的生活气息，云南版画中还有着特殊的表现技法——绝版木刻。绝版木刻是在传统套色木刻基础上发展起来的一种凸版技法，由于刻印完最后一版后不能留下再印，被称为绝版木刻。它诞生于20年代80年代的普洱，是中国当代版画的四大流派之一，普洱学院以绝版木刻为其学院优势学科和特色学科。引进具有国际国内知名度的绝版版画艺术家们，对那柯里而言可谓"近水楼台先得月"。

普洱学院版画基地坐落在那柯里村民委员会办公楼旁。版画基地的场地由那柯里村免费提供。该基地作为政府引进的外来文化元素之一，主要是营造那柯里村的艺术氛围，增强当地旅游体验感。版画基地还在农闲时节为农民进行版画创作培训。

基地是一个两层小楼的建筑，一楼的艺术家工作室十分宽敞，工作台上放着未完成的画作。顺着走廊往里走，四周的墙上挂满了作品。这里全年免费对外开放，普洱学院青年版画家们及普洱学院版画专业的学生们常年在此创作或实习。在我们调查期间，在版画基地的艺术家工作室驻站创作的是普洱学院的L老师。下面是调查组同学的田野调查记录：

2017年7月23日，我在版画基地进行访谈，一个老太太走了进来，径直指着L老师，操着当地方言："你出来一下。"在场所有人都愣住，L老师跟了老太太出去。过了一会儿，L老师回来了，有些严肃地告诉笔者，是老太太家发生家庭矛盾，希望他协助解决。

让人惊诧的是，村民家出现家庭纠纷，不去找村民委员会来调解，也不去找村寨的长者来介入，竟让一个外来人帮助协调解决。L老师基本醉心于自己的艺术创作，却成为他们的首选求助对象，连在一旁的半个当地人——下文将提到的老毕都被搁置一旁。L老师告诉笔者，因经常给当地农民进行版画培训，与当地村民互动良好，村民们经常邀请其吃饭，非常尊重他。

老太太求助L老师背后的动机，我们大致可以猜测：一是老太太不求助当地人，或许害怕当地人过于熟悉，容易嚼舌根，而L老师是外地人，与村民交往不会过深，不存在嚼舌根之嫌；二是L老师作为知识分子，受到当地百姓的尊重，所说的话或许有助于解决问题。

由此可以看出版画基地的艺术家们不仅与当地百姓互动良好，并且直接参与到了村民的日常生活、民事纠纷调解之中，这些外来精英在当地的融入度较高，社会地位也较高。

对于 L 老师的印象，总感觉他不是很爱说话。L 老师是大学老师，其实已经明白我们此行的目的，因此也询问我主要研究什么。我告知他我是研究道路的，他便主动向我提供帮助，说带我走一走村寨相关的道路。

于是我们背着行囊出发了。走出村子没多久，我们看到一辆微型车卡在了路中央，无法脱身。车主正在打电话向别人求救。L 老师走上前询问了情况，并且查看了车子的状况，开始帮助村民推车，推车不行，直接上车驾驶。不一会，车子就摆脱卡顿状态可以正常行驶了。而在一旁观看的我，十分惊讶，他也算是艺术家，和北京名人 C 是类似的角色，但是他却很乐意帮助村民，一点艺术家的架子都没有。因为 L 老师的帮忙，车主不需要花钱请别人来帮忙，因此一家人十分感谢 L 老师，甚至邀请我们去家中。L 老师婉言拒绝了，但是很愉快地与车主交换了信息，并且对车主发出邀请，让其到版画基地游玩，与车主一家建立了良好的关系。

我们继续前行，看到当地很多百姓都与他互打招呼。我便问他，"所有的人你都认识吗？""没有啊，但是他们经常对我微笑打招呼，估计他们认识我。"我便调侃他说："估计你给他们做过培训，或者你是艺术家，大家都认识你，只是你不一定认识他们。""可能是吧。"他哈哈一笑。走过一家名为"马帮源"的饭店，老板热情地和他打招呼，并且邀请我们吃饭。因为组织有规定，所以我们还是没有吃饭，直接回到了住地。[1]

对农民进行版画培训是普洱学院版画基地的一项社区工作。那柯里的村干部告诉笔者："政府准备把那柯里小镇打造成文化创意小镇，引进的

---

[1]　云南大学博士研究生蓝文思田野调查报告，2017 年 7 月 23 日。

外来文化包括普洱学院版画基地建设，通过学生实践来带动农民创作。政府有政策，给他们提供免费房子，要求开展培训，让农民学绘画并给他们发误工补贴。这些引进来的外来文化精英较为配合政府工作，做村民培训，以及节假日配合旅游宣传推广开展活动，对提升那柯里的旅游文化还是很有帮助的。"①

但是，对于版画培训学习，村民们并没有太大热情。村民们认为木刻版画不仅需要一定的绘画功底，而且需要投入较多的时间和精力，并不是一朝一夕就能学成的，用村里张大叔的话来说就是："木刻版画是一种艺术，要有点文化的人才会喜欢，像我们这种文化又不高，年纪又大，50多岁脚抖手抖的，一抖就刻不成了呐，所以我们兴致也不是很高，慢慢就不想去参加了。"村民小高说："农民不太愿意学习版画，认为那是一种艺术，自己没有美术基础，学不好。画完之后，标价挂在家中也没有旅客购买。游客大部分来自周边地区，不愿意来消费文化，主要是来吃与喝。"②

尽管村民们不愿意去参加版画培训学习，但是他们对版画基地的老师抱有友好态度是显而易见的。这不仅仅是 L 老师个人品德的问题，其实也是那柯里旅游经济不断发展起来以后，村民们对待外来者从抗拒到接纳、从敌视到包容的转变过程。

三 "瓦渣兄弟"

"瓦渣兄弟"是一个陶艺店店名，也是村民对其经营者的称呼。"瓦渣兄弟"也是那柯里艺术村引进的项目之一。"瓦渣兄弟"是宁洱县人，来自被称为制陶之乡的宁洱县的曼海村，是宁洱县土陶工艺非物质文化遗产的传承人，他同样享受到了政府为其提供的免费场所的待遇。从"瓦渣兄弟"作为艺术人才引进这个意义上来看，他也算是那柯里村的外来者。

课题组成员对"瓦渣兄弟"陶艺馆进行了参与观察：

① 访谈人为笔者；访谈时间：2017 年 7 月 26 日；访谈地点：那柯里村。
② 访谈人为云南大学博士研究生蓝文思；访谈时间：2017 年 7 月 25 日；访谈地点：那柯里村。

　　笔者对"瓦渣兄弟"进行体验式观察，特意到此体验制陶。或许老板更重视自己做陶来卖，而不看重游客体验，很少指导游客，与游客互动较少。笔者观察到有游客体验感较差，只是用陶泥做了陶器，并不烧陶器即走了，成型的陶器被作为废品处理。也有来自外地的，由当地亲戚带来小孩子体验，他们说，让小孩子玩泥巴；还有一个来考察项目的昆明人，也只观看之后便走了。①

　　尽管课题组成员对制陶体验并不满意，但是对于"瓦渣兄弟"，当地百姓的评价较好，且较为一致，都认为他虽然性格不是很热，但毕竟是宁洱老乡，大家都不把他当作外来人。他免费教村民制陶工艺，态度和蔼，对来学习的村民很有耐心。一个村民对我们说："最近他生二胎了，我们村很多人要去参加（小孩的满月宴）呢！"② 版画基地 L 老师也对其评价较高，认为在外来人中，"瓦渣兄弟"是做得最好的，与当地融入度最高，经营也最成功。

## 四　上海金山区援建项目组

　　还有一类外来人员对那柯里村的发展起到重要的作用，那就是上海金山区援建项目组的成员。他们从上海来到村里进行对口帮扶，对那柯里村进行项目援建和村民培训。在村民委员会办公楼门前可以看到关于上海金山区援建项目的碑文："整村推进项目覆盖了 3 个行政村（那柯里村、同心村和锅底塘村）20 个村民小组，共 654 户 2559 人。计划总投资 1160.2 万元，实际完成总投资 1178.2 万元，其中上海援建 480 万元，群众投工投劳折资 527.7 万元，整合部门资金 170.5 万元，完成村组道路建设，沟渠改造，坝潭修建，林果种植，大棚蔬菜种植，修建茶文化体验馆，修建土特产一条街，老茶园改造，社会事业等九大项。"上海金山朱泾镇那柯里

---

① 云南大学博士研究生蓝文思田野日记，2017 年 7 月 24 日。
② 访谈人为云南大学博士研究生蓝文思；访谈时间：2017 年 7 月 24 日；访谈地点：那柯里村。

希望小学是由上海金山区援建的。可见，上海金山区援建在那柯里的旅游开发及其他建设中都发挥着重要的作用。

上海金山区援建项目不仅支持援建希望小学，还配合新农村建设和美丽乡村建设，如道路硬化、串户路、村民小组会议室的建设等。对农民的生产技能培训也是上海金山区对口扶贫的重要内容，通过对农民进行养殖、栽培黑木耳等项目的培训，帮助农民多样化发展生计。村干部和村民们都对金山区援建项目和技能培训有很高的评价，特别是对小学校的建设项目，村民们都认为这是真正的希望工程，让他们的孩子能够在更好的学习环境中学习，对孩子的未来有帮助。对于生产技能方面的培训，村民们虽然认为培训的效果不太好，但是政府安排的培训，村民们都会来，因为他们知道学习的重要性。

不过，上海金山区援建项目组的成员与村民的接触很少，很多时候他们的工作是与乡政府和村委会干部对接，并不直接与村民打交道，在技能培训中也只是"老师"的角色，缺乏更为深入的、生活化的交往。总体上他们与村民的互动并不多。

## 第三节 "假"彝族村寨

人类学家们常秉持这样一种观点，即"民族文化"是一种"特殊性"的存在。原因在于它既是特殊条件的产物，同时其运行和生存也诉诸特殊的条件或环境。① 这种"特殊性"的存在，意味着"我"与"他者"的并存，这是认识世界文化多样性的重要前提。在现代化进程中，少数民族传统文化有着逐渐趋于衰弱和逆向增强两种截然不同的发展趋势，前者是因为现代社会的各种因素冲击，人们渐渐遗忘本民族的语言、文字和节日等传统特征，出现了一个与其他民族融合以及走向文化同质化的过程；后者则是在由多重推手推动的民族文化资本化的过程中，在旅游业等的带动下，人们有意识地去挖掘本民族的饮食、节日风俗等历史记忆，重新拾起

---

① 参见马翀炜、陈庆德《民族文化资本化》，人民出版社，2004年，第1页。

本民族的传统文化。在那柯里这个路边少数民族村寨，我们看到了区别于上述两种少数民族传统文化发展趋势的"特殊性"存在，这种表现是由那柯里村寨所处交通要道的开放性决定的。

## 一　不过火把节的彝族

从官方公布的数据来看，那柯里无疑是一个典型的少数民族村寨。据统计，截至 2017 年 7 月，那柯里有村民 74 户，其中常住 72 户，以彝族居多，其次是傣族、哈尼族及少量汉族，呈现多民族杂居的特点。然而，在这个以彝族为主的少数民族村寨，在日常生活中却很难看到体现彝族传统文化的事项。

以火把节为例，火把节是彝族最重要的节日之一，过火把节在某种程度上是彝族的象征。传统的彝族火把节是农历六月二十四，这一天人们会以点燃火把的形式表达祈求丰年、向径光明、迎接福瑞的美好愿望，同时还伴随着斗牛、斗鸡、赛马、摔跤、歌舞表演等相关活动。宁洱县是哈尼族彝族自治县，彝族和哈尼族都过火把节，因此火把节是宁洱县的法定节日。过火把节时，县城的广场上，一些哈尼族、彝族聚居的村寨里，都过得很热闹，点火把、跳歌等活动十分热闹。

而在那柯里，这些火把节庆祝活动却难觅踪影。2018 年 8 月 6 日，调查组再次来到那柯里村寨，刚好前一天 8 月 5 日（农历六月二十四）是传统的彝族火把节，但是这里却没有举行相关活动。我们重点就这一问题访谈了村民，村民均表示村寨中自祖辈起没有过火把节的传统。近年来，那柯里村寨着力打造以茶马古道为名片的旅游业，为了吸引游客，政府每年火把节这几天会在那柯里村立几个火把，晚上有篝火晚会。但村民们多数对这个节日不以为竟，认为与自己的生活无关。村寨中经营农家乐和客栈的村民倒是持赞同态度，因为这样可以给村里带来客源，游客吃饭和住宿能增加他们的日常收入。

那柯里村民最为重视的传统节日是农历春节和清明节，这两个节日在各民族交往交流交融的历史发展进程中，成为中华民族共享的节日。春节期间，那柯里村民有吃杀猪饭的传统。每年从腊月开始，村民每家每户都会杀猪，并摆下丰盛的宴席，邀请村民及其他亲戚朋友来吃饭庆祝。整个腊月，村民们都把挨家挨户轮流吃饭、喝酒、吃杀猪饭作为重要的事。每年到了除夕，家家户户吃团圆饭，放鞭炮。不过，中原地区在春节期间有晚辈给长辈磕头拜年的习俗，在这里并没有看到。这表明，那柯里村民在接受外来文化时，是选择性地、策略性地把团圆、团聚这一元素继承下来。在那柯里村，清明节既是祭祀祖先的日子，也是一家人团圆的日子。每年清明节，年轻人都要从工作的地方赶回来，在家里做好几道菜，并带上鲜花、水果、糕点、酒水、茶叶等上山，在祖先的坟前祭拜，并伴随着烧香、烧纸和放鞭炮等仪式。追思祖先、重视家庭观念，这体现了汉文化的影响。此外，村民们也十分重视过端午节、中秋节等。也就是说，那柯里村民过的传统节日都是各民族共享的节日。

另一个颇为值得注意的现象是，近年来，村民格外重视"三八"妇女节、"五一"劳动节、"十一"国庆节等节日。当问起村民们他们过哪些节日的时候，他们不假思索就说出"三八节""五一节"这类国际性、现代性节日，这让我们十分惊奇。进一步探究才发现，这是因为在当前旅游开发的背景下，大批游客会选择"三八节""五一节""国庆节"这类节假日前来游玩，各单位也会在这些节日到那柯里组织团建活动。对于那柯里村民来说，这是一个忙于发展经济的好时机，村寨中开农家乐、客栈、小卖部以及在路边摆小吃摊的村民，都指望着节日期间游客的大规模到来能给他们带来生意。

节日变迁对人类学家来说，是研究社区的方式之一。通过对节日的研究，我们可以看到哪些文化传统对于社区是重要的，传统的改变对社区来说又有何种意义。对于那柯里村村民而言，自己本民族的节日从来不过，他们的传统节日都是各民族共享的节日。不过，在发展旅游业的那柯里村民眼里，无论传统节庆还是现代节日，都不及生计的忙碌所带给他们的实实在在的利益。过节，在某种程度上已经成为一种文化资本，只是他们借以发展旅游经济的平台而已。

## 二 不穿民族服装的少数民族

由于少数民族文化特色不够鲜明，政府在发展旅游的驱力下，试图通过

"植入"和"借用"的形式，来增强那柯里村的民族文化特色。如发放少数民族服装，鼓励村民在穿着上进行"植入"，以及采用举办哈尼族长街宴的"借入"方法。

民族服饰是在特定的社会生活及自然环境中形成的，符合民族的生活习惯和审美意识及心理，是民族政治、经济、思想、文化的反映，主要表现在服装的造型、款式、色彩、材料和服饰件等方面。在现实生活中，要了解个体的民族成分，最直观的应该是通过他的民族服饰来辨别。在平时的那柯里，唯一穿着民族服装的只有荣发马店的李天林，那件白底红边的彝族马褂成为他的符号标签。李天林说自己穿的衣服（马褂）是彝族的服装，平时只穿这件彝族马褂，只有重要人物来参观，如上级政府官员来视察访问，或者电视台来采访时，他才会将全套彝族服饰穿戴齐全。

村寨高家也是彝族，2018年8月调查组第二次来到那柯里时，重点拜访了"高老庄"高家，高家男主人任那柯里小组组长，兼任那柯里村委会纪委书记。高家正屋门口窗子上贴了很多照片，均是高家人与重要人物的合影。据高组长介绍，其中有德国驻华大使、国家民委的若干领导等。我们发现的一个重要现象是，照片中的高家人全部穿上了彝族服装，而在现实生活中，他们的着装则与平常村民无异，都是穿汉族服装。高组长表示只有在照相或者接待重要贵宾的时候他们才会穿上民族服装。与荣发马店的李家一致的是，他们均不会讲彝语，也不过火把节，可见高家、李家的彝族身份只是一个符号标签，无法在节日、仪式中得到实际展现。

周末在村寨长廊摆摊的李某（女，傣族）的家位于村庄内部，不靠近公路，也不靠近村寨主干道，这限制了她家的发展。她家平时以种茶采茶制茶为家庭主要收入来源，周末多会在村寨中的商业长廊摆摊卖糯米糕、黄蜂酒以补贴家用。据她讲：

　　　村中只有荣发马店李天林穿民族服饰，因为他是搞服务的。他穿民族服饰在很大程度上是作为"名人"，可以吸引更多的游客，增加自家的收入。我不穿民族服装，因为不方便，穿上走路都不会了。我虽然是傣族，但家里并没有傣族服装，在记忆中，上一辈的老人也不穿傣族服装。这些年每年过年时政府会定制并发放统一的民族服饰，号召我们穿上。但是我们觉得别扭，主要还是束缚住了手脚，干活很不方便，大家都不愿意穿。①

那柯里村民之所以不爱穿、不愿意穿民族服装，主要还是因为他们自己对自己是彝族、傣族、哈尼族没有真正的文化意识，更缺乏族群认同和文化认同，因此，他们穿着觉得"别扭"。而笔者曾经采访过宁洱县的另一个哈尼族村寨，那里的村民平时不穿哈尼族服装，因为劳动不方便且民族服装太贵他们舍不得。但是在火把节、春节等重大节日大家都会穿自己本民族的服装，特别是结婚时，每个哈尼族女子和男子都必须有一套传统手工缝制的哈尼族服饰。这与那柯里村民从来不穿少数民族服装形成了鲜明的对比。

为了增加那柯里的民族文化特色，当地政府把云南红河一带哈尼族的长街宴也"借入"那柯里。在红河哈尼族的文化中，长街宴是哈尼族的传统节日，这个为祈福而设的宴席有着特定的仪式和过程。而那柯里只是依葫芦画瓢将其形式"借入"村寨中。据调查，那柯里村民说村寨里以前并没有操办长街宴的习俗，更不知道长街宴还有特定的仪式，只是为了突出旅游特色。在那柯里刚开发旅游时，由政府组织举办了第一次长街宴，那次活动很热闹，后来只有在有大型旅游团过来的时候才会办长街宴，多数情况下是由开农家乐的店提供饭菜，摆好桌子，村民们也只是聚到一起吃个饭而已，并没有其他的仪式和活动。

从人类学角度来看，文化多样性并不能以文化的僵化不变来获得，意即民族文化需要通过资本化不断向前发展。② 然而我们通过调查，几乎没

① 访谈人为云南大学硕士研究生赵晓丽；访谈时间：2017 年 7 月 25 日；访谈地点：那柯里村。
② 马翀炜、陈庆德认为民族文化资本化有三个层次：其一是文化的开发利用，它的现实基点是文化产品的开发，是文化场域中的权利在经济场域中的价值实现，是将文化事项以商品的形式投入多民族文化经济广泛交融的过程中去，去获得直接的经济利益；其二是努力参与隐藏于经济活动下的规则制定与修改，从而获得更大的权利；其三是这种实践活动为人类保留或寻求到更多可能的生活方式，并实际促成现实存在的各种文化制度的融合与整合。相关观点参见马翀炜、陈庆德《民族文化资本化》，人民出版社，2004 年，第 54 ~ 55 页。

有发现那柯里保留有任何彝族、傣族等少数民族从服装、节日到风俗的任何原始痕迹。即便有，也是在旅游经济开发后，通过"学习""借用"等种种方式构建起来的。

# 小　结

茶马古道、昆洛公路（老 213 国道）、新 213 国道、昆曼公路，那柯里村寨边的道路在不断变化，从传统道路到现代公路，从普通公路到高速公路，道路越修越直、越修越宽。道路的区位优势在不断改变着那柯里村民的生计方式，同时也在潜移默化地改变着人们的文化。村民们对"我"的新认识，村民们对"他者"的新理解，村民们日常生活中不知不觉发生的文化变迁。这一切，都表明道路不仅是物流、人流、信息流的载体，更为重要的是道路给沿途村寨植入了现代化因素，使得那柯里村民的生活、思想、文化都跟随着时代的变迁而改变，一个边疆少数民族村落的社会生态开始呈现现代性特点。

# 结　语

道路对于一个路边村寨，意味着什么？

十年前，当我在云南少数民族村寨进行田野调查时，看着刚刚修好投入使用的崭新高速公路从青黛色的山乡穿梭而过，黝黑笔直的道路、规范的中英文路标等高速公路标识作为一个现代化符号强烈而震撼地植入边寨山乡之中，令人振奋。然而，当看到高速公路周边的村寨一如既往炊烟袅袅，村民仍然扛着锄头日复一日地在那片土地上耕作与收获，看不到什么改变。唯一改变的是，他们放羊的时候，羊群再也无法到高速公路另一侧的山坡上去吃草，封闭的高速公路人为地把一座山隔成两个区域，不仅限制了山羊的活动范围，也在一定程度上限制了道路两边村寨村民之间的交往交流。这种"灯下黑"的情景，让我对高速公路带给边寨山村的现代化充满了疑惑。

然而，十年后，当我看到了高速公路通达的山区村寨一个个都发生了显著的变化：一栋栋新楼被建起，村寨变得越来越漂亮；村民不再天天扛着锄头日出而作、日落而息，他们开着拖拉机把自家园地里的水果一车车送出山外；夜晚的村寨不再漆黑一团，光伏照明路灯把村寨点亮，远远看去如星星散落山野；节假日，村民不再围坐火塘边吃茶摆古（聊天），他们在村公所的文化广场上吹拉弹唱、自娱自乐……特别是我们课题组把路边村寨那柯里作为研究对象跟踪观察多年，那柯里的巨大变化，让我们更加深切地感受到，道路对社区发展的意义无时不在，无论马帮小道，还是高速公路、高铁，其积极意义是同一的。

与传统的开放式道路有差别的是，以城市之间点对点进行封闭化运营的高速公路，对于边疆少数民族地区村寨的影响不是直接引流外来的人员，产生诸如马帮驿站或汽车旅馆之类的经济效益，而是以提高整体社会效率的方式来间接改变着它所经过的区域的群体。对于道路产生的整体经济社会效率，最直接的是时间节约——节约人与物空间流动的时间。比如说，村民种植的蔬菜和水果，通过高速公路的快速转运，或高速公路与高铁或飞机的联运，以最短的时间运送到大城市里的超市，到达大城市市民的菜篮子；农产品流转效率的提高，使以满足自我消费为主的传统农民向以市场为导向的现代农民转化。其次是人的活动范围大大扩展。飞机、高铁和高速公路的联运，能在几个小时之内将几千公里之外的人运送到目的地，人的流动加快，经济也在人的流动中活跃起来。中国几十年持续保持高增长率的旅游业便得益于航空运输、高速公路、高铁这三类现代交通运输方式浪潮式发展的推动。

作为路边村寨，那柯里随着道路的发展而发展，随着道路的改变而改变。当马帮道路蜿蜒伸展于山上，村民陆续从其他地区迁移到马帮道路两侧，盖起了农舍和马店，做起了马帮驿站的生意。他们从农耕经济向服务经济转变的同时，早晚繁忙为往来旅者服务的生计模式已然改变了传统农民"日出而作，日落而息"的时间秩序，文化变迁在悄然发生却未被人们关注。当昆洛公路从村寨稍远处经过，那柯里村民的社会生活随着这条国家道路而发生除旧革新的变化时，边疆少数民族群众国家认同意识也更加强烈。当老213国道（原昆洛公路）车流越来越多，路边的村民开启了"路边经济"的实践，"万元户"的称呼是对他们敢为天下先的褒奖；当追求速度的新213国道修筑完成之时，越来越多的那柯里村民加入了经营汽车旅馆和微型面包车客运的生意，市场经济体制带来的制度效益首先被这个路边村寨的村民们享受到；当现代化的高速公路从他们的村寨经过，封闭的高速公路从表面上把那柯里与这条新式道路阻隔，但实际上村寨边这条"昆曼国际大通道"正如它的名字一样，不仅是边疆通联内地的通道，也是中国通往东南亚国家的通道。这条道路联通了国内市场和国际市场，这条道路联系了中国文化与东南亚南亚乃至世界文化，它给村民们带来了开发茶马驿站那柯里旅游经济的新发展之路。

道路改变着那柯里的村寨经济，村民从农耕经济转向运输服务经济，从运输服务经济转向乡村特色旅游经济，村民的生计模式因道路而发生改变，村民的经济资源因道路而不断积累，村民的生活水平因道路而日益提高。道路带给村民们财富，财富的积累使村民们的社会自由度得到了提高，在市场经济体制下，效率优先使具有财富优势的群体自动获得了更多的社会选择权利。

当然，道路带给村民的，还有更多。当村落景观和社区空间与经过村寨的那条大道的位置变化发生同向同频改变时，道路对村民的影响从家庭经济弥散到社区的社会空间之中；当村民的通婚圈因道路而不断扩大时，道路对村寨社会的影响已经不止一代人；当村寨的中年女子开始思考自身价值和未来发展时，道路对村民的影响已经内化于思想意识之中；当村民们开始学会和善对待外来精英时，道路对村民的影响已经上升到理解他者的文化层面上。由此可见，道路对边疆少数民族地区村民的影响是多面向的，来自外部的观念、思想、价值、信仰等异质于村落传统文化的因素，通过道路传输，如同涓涓细流润物无声地浸入道路边上的聚落、节点之中，引起这些聚落和节点的社会文化变迁。

既然道路对一个区域的影响巨大，道路的提供者就具有了一种文化权利。那么，道路是由谁提供的？鲁迅说："世上本没有路，走的人多了，也便成了路。"这是道路形成的早期形态。经济学外部性理论表明，道路因其具有外部性导致私人投资缺乏兴趣，因而只能由政府来提供。当今大多数国家也在践行这一理论。而中国，早在两千多年前的大秦帝国时期，就已经采取"车同轨、书同文"之治了。在帝制国家时代，国家治理能力是以中原核心区向外夷边缘区不断向外拓展来体现的，"五服""九服"的划分就是从中心向边缘政治控制力逐步递减的过程，也就是说在空间上愈是远离中原核心区，其国家管控能力愈弱。在"中心-边缘"理论视角下，地处边缘地区的人们在自身的发展过程中会形成以自身为中心的经济、社会、文化圈，这个圈往往又是跨边界和跨民族的，并且是"山高皇帝远"自在发展的。随着中原核心区向外夷边缘区的制度、经济、文化输出加强，在边缘地区吸收中原政治经济制度和社会文化的过程中，人们聚向中心的意识也在逐渐增强，国家的观念在不断形成和强化，最终形成一体化的国家政体和多元一体化的民族关系。

国家观念在边疆地区的强化与道路密切关系。首先，道路是国家制度"输出－接收"所依赖的路径。道路的作用在于实现空间的连通与通达，人的流动、物的流动、信息的流动都需要通过道路来实现，没有人流、物流、信息流的畅通，国家控制力很难进入边缘地区，各种治策很难在边缘地区落地生根。因此道路是国家政治经济制度和文化传输的通道，不可或缺。其次，边缘地区道路建设也必然以国家为主要供给者，道路的通达在很大程度上就是国家力量进入的一种体现。随着国家的兴起，以国家力量来提供道路供给既是国家的职责，也是国家治理的方式。在边疆地区进行道路建设就成为国家治理边疆最为重要的方式。

那柯里成为路边村寨，与其村落边的道路所隐喻的国家是紧密相连的。在马帮时代，改土归流后设置的普洱府在那柯里设塘哨，在很大程度上保障了这条马帮道路的安全，为马帮留宿那柯里提供了安全保障。昆洛公路时代，"国防公路大会战"带给村民对社会主义建设的最初印象，公路建好后的集体化生产并没有在他们历史记忆中留下个性压抑的印象，体现了新中国边疆民族政策所取得的成效。老 213 国道上的村民们把"驾驶员之家"的食宿店形象地称为"黑猫旅社"，这一名称实质隐喻个体经济在这个边疆少数民族村寨中的兴盛得益于改革开放的春风。特别是当那柯里在发展旅游经济、促进村寨经济转型的过程中，政府通过规划、投资、实施旅游项目过程中无处不在的"看得见的手"，指挥着、推动着那柯里经济成功转型，由此，国家对边疆少数民族地区社会经济发展的影响更显突出和重要。

由此可见，了解路边村寨那柯里的前世今生，其意义是深远的。

# 参考文献

埃文斯·普理查德：《努尔人——对一个尼罗特人群生活方式和政治制度的描述》，褚建芳译，商务印书馆，2014 年。

艾森斯塔德：《现代化：抗拒与变迁》，张旅平译，中国人民大学出版社，1998 年。

安德鲁·韦伯斯特：《发展社会学》，陈一筠译，华夏出版社，1987 年。

安东尼·吉登斯：《民族、国家与暴力》，胡宗泽译，生活·读书·新知三联书店，1998 年。

安东尼·吉登斯：《现代性的后果》，田禾译，黄平校，译林出版社，2011 年。

奥古斯特·勒施：《经济空间秩序》，王守礼译，商务印书馆，2013 年。

包亚明主编《后现代性与地理学的政治》，上海教育出版社，2001 年。

陈静静：《从藏彝走廊、茶马古道到"路学"——晚近康区学术话语的空间嬗变》，《西北民族大学学报》（哲学社会科学版）2017 年第 4 期。

陈宗海等纂修《普洱府志稿》刻本，光绪二十三年（1897 年）。

当代云南编辑部编写《当代云南大事纪要》，当代中国出版社，2007 年。

邓启华：《清代普洱府志选注》，云南大学出版社，2007 年。

董晓霞等：《地理区位、交通基础设施与种植业结构调整研究》，《管理世界》2006 年第 9 期。

段义孚：《空间与地方——经验的视角》，王志标译，中国人民大学出版社，2017 年。

鄂尔泰等纂修《云南通志》刻本，乾隆元年（1736 年）。

费孝通：《江村经济——中国农民的生活》，商务印书馆，2001 年。

弗雷德里克·巴斯主编《族群与边界》，李丽琴译，商务印书馆，2014 年。

高敏：《宁洱"茶马古道"沿线聚落时空演变与分形特征研究》，云南大学硕士学位论文，2017 年。

高源：《读〈社会如何记忆〉》，《西北民族研究》2007 年第 2 期。

葛荣玲：《景观人类学的概念、范畴与意义》，《国外社会科学》2014 年第 4 期。

国家民委民族问题五种丛书之一《普洱哈尼族彝族自治县概况》，云南民族出版社，1990 年。

哈拉尔德·韦尔策：《社会记忆：历史·回忆·传承》，李斌、王立军、白锡琨译，北京大学出版社，2007 年。

胡振洲：《聚落地理学》，台北：三民书局，1977 年。

黄桂枢：《普洱茶文化大观》，云南民族出版社，2005 年。

黄睿、吕龙、黄震方：《"路学"视角下公路交通对旅游地的影响维度与机制研究》，《人文地理》2021 年第 1 期。

霍布斯鲍姆：《传统的发明》，顾杭、庞冠群译，译林出版社，2004 年。

拉德克利夫·布朗：《安达曼岛人》，梁粤岛译，广西师范大学出版社，2005 年。

雷晋豪：《周道：封建时代的官道》，社会科学文献出版社，2011 年。

黎德扬：《交通社会学》，中国社会科学出版社，2012 年。

李春敏：《列斐伏尔的空间生产理论探析》，《人文杂志》2011 年第 1 期。

李菲：《从梭坡如何去往东女国：藏彝走廊的道路、行走与地方实践》，《广西民族大学学报》（哲学社会科学版）2017 年第 6 期。

李娜、宋奕、彭文斌：《从公众史学解析城市景观保护：具有文化敏感性之叙事方法》，《西南民族大学学报》（人文社会科学版）2015 年第 1 期。

李志农、张辉：《边疆民族地区道路建设与村落社会变迁——基于滇藏线重镇奔子栏村的考察》，《思想战线》2021 年第 5 期。

廖国强：《清代云南少数民族之"汉化"与汉族之"夷化"》，《思想战线》2015 年第 2 期。

廖国强：《"以汉化夷"与"因俗而治"——清代云南改土归流地区两种文化治理方略及其关系》，《云南师范大学学报》（哲学社会科学版）

2020 年第 6 期。

列维·斯特劳斯：《忧郁的热带》，王志明译，生活·读书·新知三联书店，2000 年。

刘生龙、胡鞍钢：《交通基础设施与中国区域经济一体化》，《经济研究》2011 年第 3 期。

刘文杰：《路文化》，人民交通出版社，2009 年。

龙云、周钟岳等纂修《新纂云南通志》，牛鸿斌、李春龙等校，云南人民出版社，2007 年。

陆韧：《云南对外交通史》，云南人民出版社，2011 年。

骆永民、樊丽明：《中国农村基础设施增收效应的空间特征——基于空间相关性和空间异质性的实证研究》，《管理世界》2012 年第 5 期。

麻国庆：《跨区域社会体系：以环南中国海区域为中心的丝绸之路研究》，《民族研究》2016 年第 3 期。

马翀炜、陈庆德：《民族文化资本化》，人民出版社，2004 年。

马克斯·韦伯：《经济与社会》，林荣远译，商务印书馆，1997 年。

马凌诺夫斯基：《西太平洋的航海者》，梁永佳等译，华夏出版社，2002 年。

马歇尔·萨林斯：《甜蜜的悲哀：西方宇宙观的本土人类学探讨》，王铭铭、胡宗泽译，生活·读书·新知三联书店，2000 年。

马新：《远古聚落的分化与城乡二元结构的出现》，《文史哲》2008 年第 3 期。

米歇尔·福柯：《必须保卫社会》，钱翰译，上海人民出版社，1999 年。

米歇尔·福柯：《福柯访谈录：权力的眼睛》，严锋译，上海人民出版社，1997 年。

木霁弘、陈保亚等：《川滇藏"大三角"文化探秘》，云南大学出版社，1992 年。

穆星、李波主：《文化普洱思茅》，云南人民出版社，2017 年。

N. 格里高利·曼昆：《经济学原理》，梁小民、梁砾译，北京大学出版社，2009 年。

宁洱哈尼族彝族自治县地方志编纂委员会编《宁洱哈尼族彝族自治县志》，

云南人民出版社，2012 年。

潘忠党、於红梅：《阈限性与城市空间的潜能——一个重新想象传播的维
　　度》，《开放时代》2015 年第 3 期。

彭兆荣、李春霞：《"走运之路"：作为人类文化遗产的运河》，《北方民族
　　大学学报》2021 年第 1 期。

彭兆荣：《论乡土社会之道路景观》，《云南社会科学》2017 年第 5 期。

齐格蒙特·鲍曼：《个体化社会》，范详涛译，上海三联书店，2002 年。

齐格蒙特·鲍曼：《全球化——人类的后果》，郭国良、徐建华译，商务印
　　书馆，2013 年。

齐美尔：《社会是如何可能的》，林荣远译，广西师范大学出版社，2002 年。

齐美尔：《社会学：关于社会化形式的研究》，林荣远译，华夏出版社，
　　2002 年。

乔治·马尔库斯、米开尔·M. J. 费彻尔：《作为文化批评的人类学》，王
　　铭铭、蓝达居译，生活·读书·新知三联书店，1998 年。

沙伦·特拉维克：《物理与人理——对高能物理学家社区的人类学考察》，
　　刘珺珺译，上海科技教育出版社，2003 年。

施坚雅：《中国农村的市场和社会结构》，史建云、徐秀丽译，中国社会科
　　学出版社，1998 年。

石硕：《藏彝走廊：文明起源与民族源流》，四川人民出版社，2009 年。

思茅地区地方志编纂委员会编《思茅地区志》，云南民族出版社，1996 年。

思茅地区土地管理局编《思茅地区土地志》，云南民族出版社，2001 年。

斯图尔特·霍尔：《表征》，徐亮、陆兴华译，商务印书馆，2003 年。

孙九霞、王学基：《川藏公路与鲁朗社区的旅游中心化》，《广西民族大学
　　学报》（哲学社会科学版）2017 年第 6 期。

檀萃辑《滇海虞衡志校注》，宋文熙、李东平校注，云南人民出版社，1990 年。

田阡：《重观西南：走向以流域为路径的跨学科区域研究》，《广西民族大
　　学学报》（哲学社会科学版）2016 年第 3 期。

涂尔干·埃米尔：《社会分工论》，渠东译，生活·读书·新知三联书店，
　　2000 年。

汪民安、陈永国、张云鹏主编《现代性基本读本》（上、下），河南大学出版社，2005年。

王春光：《县域社会现代化：太仓故事》，社会科学文献出版社，2015年。

王明珂：《华夏边缘——历史记忆与族群认同》，社会科学文献出版社，2006年。

王明珂：《羌在汉藏之间》，中华书局，2008年。

王铭铭、王斯福主编《乡村社会的秩序、公正与权威》，中国政法大学出版社，1997年。

王铭铭：《中间圈："藏彝走廊"与人类学的再构思》，社会科学文献出版社，2008年。

王子今：《交通与古代社会》，陕西人民教育出版社，1993年。

王子今：《驿道史话》，社会科学文献出版社，2011年。

翁乃群主编《南昆八村：南昆铁路建设与沿线村落社会文化变迁》（广西卷、贵州卷、云南卷），民族出版社，2001年。

吴泓波、傅礴：《文化普洱·宁洱》，云南人民出版社，2016年。

吴重庆：《社会变迁与通婚地域的伸缩——莆田孙村"通婚地域"调查》，《开放时代》1999年第4期。

星球地图出版社编制《云南省地图集》，星球地图出版社，2017年。

徐文学：《高速公路与区域社会经济发展》，中国铁道出版社，2009年。

薛熙明：《道路社会文化研究：基于路学与流动性的思考》，《人文地理》2020年第5期。

亚当·斯密：《国民财富的性质和原因的研究》，王亚南译，商务印书馆，1996年。

阎云翔：《礼物的流动——一个中国村庄中的互惠原则与社会网络》，李放春、刘瑜译，上海人民出版社，2000年。

杨聪：《中国少数民族地区交通运输史略》，人民交通出版社，1991年。

杨福泉：《生死绎影·魂路》，海天出版社，2000年。

杨茜好、朱竑：《西方人文地理学的"流动性"研究进展与启示》，《华南师范大学学报》（自然科学版）2015年第47期。

杨玉秀：《民族村寨旅游开发中历史记忆的现代建构》，云南大学硕士学位论文，2016 年。

余潇枫：《"认同危机"与国家安全——评亨廷顿〈我们是谁?〉》，《毛泽东邓小平理论研究》2006 年第 1 期。

袁社主编《磨黑盐矿志》，普洱哈尼族彝族自治县委史志办，2004 年。

约翰·汤普森：《意识形态与现代文化》，高铦译，译林出版社，2005 年。

云南公路史编著写组《云南公路史》，云南人民出版社，1999 年。

云南省地方志编纂委员会总纂，云南省交通厅、云南省民航局编纂《云南省志》卷 33《交通志》，云南人民出版社，2001 年。

云南省立昆华民众教育馆编《云南边地问题研究》，云南省立昆华民众教育馆，1933 年。

云南省普洱哈尼族彝族自治县地方志编纂委员会编《普洱哈尼族彝族自治县志》，生活·读书·新知三联书店，1993 年。

云南省政协文史委员会编《云南文史集粹》（第 9 卷）《民族宗教》，云南人民出版社，2004 年。

詹姆斯·C. 斯科特：《国家的视角：那些试图改善人类状况的项目是如何失败的》，王晓毅译，社会科学文献出版社，2012 年。

张海珍：《普洱民族文化概览》，云南大学出版社，2009 年。

张金岭：《"景观"、消费、文化资本与人类学关怀》，《黑龙江史志》2008 年第 24 期。

赵晓丽：《乡村旅游经济发展中社会关系变化与社会资本形成研究——以那柯里村为研究对象》，云南大学硕士学位论文，2019 年。

赵旭东、栗长江：《"一带一路"与互惠人类学再发现（英文）》，*Social Sciences in China* 2019 年第 1 期。

赵旭东、周恩宇：《道路、发展与族群关系的"一体多元"——黔滇驿道的社会、文化与族群关系型塑》，《北方民族大学学报》2013 年第 6 期。

郑绍谦纂修《普洱府志》刻本，咸丰元年（1851 年）。

周大鸣：《道路研究的意义与途径》，《吉林师范大学学报》（人文社会科学版）2019 年第 4 期。

周大鸣:《互联网、快速交通与人类学研究转变》,《西北民族研究》2019
　　第 2 期。

周大鸣、廖越:《聚落与交通:"路学"视域下中国城乡社会结构变迁》,
　　《广东社会科学》2018 年第 1 期。

周大鸣、马露霞:《青藏线上的城镇:路学视角下的县域实践》,《西南民
　　族大学学报》(人文社会科学版)2021 年第 3 期。

周恩宇:《道路、发展与权力——中国西南的黔滇古驿道及其功能转变的
　　人类学研究》,中国农业大学博士学位论文,2014 年。

周恩宇:《道路研究的人类学框架》,《北方民族大学学报》(哲学社会科
　　学版)2016 年第 3 期。

周泓:《庄孔韶人类学民族学研究的方法论诉求之意义(上)——中国认
　　知传统与区域文化理念的理论与实践》,《民族论坛》2012 年第 6 期。

周永明:《汉藏公路的"路学"研究:道路的生产、使用与消费》,《文化
　　纵横》2015 年第 3 期。

周永明:《路学:道路、空间与文化》,重庆大学出版社,2016 年。

周永明:《重建史迪威公路:全球化与西南中国的空间卡位战》,《二十一
　　世纪》2012 年总第 132 期。

朱凌飞、曹瑀:《景观格局:一个重新想象乡村社会文化空间的维度——
　　对布朗族村寨芒景的人类学研究》,《思想战线》2016 年第 3 期。

朱凌飞、胡为佳:《道路、聚落与空间正义:对大丽高速公路及其节点九
　　河的人类学研究》,《开放时代》2014 年第 3 期。

朱凌飞、马巍:《边界与通道:昆曼国际公路中老边境磨憨、磨丁的人类
　　学研究》,《民族研究》2016 年第 4 期。

朱凌飞:《修路事件与村寨过程——对玉狮场道路的人类学研究》,《广西
　　民族研究》2014 年第 3 期。

朱凌飞:《玉狮场:一个被误解的普米族村庄——关于利益主体话语权的
　　人类学研究》,《民族研究》2009 年第 3 期。

庄英章:《林杞埔——一个台湾市镇的经济发展史》,上海人民出版社,
　　2000 年。

# 后　记

　　那柯里，是我从小就熟悉的地名，但是我对它的了解，却是从 2015 年的一次回乡之旅开始的。当我听到当地政府正在把那柯里打造成茶马驿站之时，我意识到它正是一个很好的道路人类学研究对象，于是我决定把那柯里作为我的田野点进行调查研究。这些年来，我几乎每个寒暑假都会带着学生到那柯里做田野，只有疫情期间除外。对一个特定小社区进行长期观察和整体研究，是民族学及人类学的研究方法。对那柯里多年持续不断的追踪研究，正是本书得以完成的重要保障。

　　不过，本书对那柯里的研究时段主要是 2019 年以前。疫情三年，我们中断了对那柯里每年两三次的田野调查，而我承担的以那柯里为研究对象的国家社科基金项目也到了结题时间，所以本书所观察到的这个村寨的文化事项，都是 2019 年之前发生的。

　　2023 年 1 月，我又带了十几个学生为完成"中国乡村社会大调查"工作来到那柯里，我们发现在中断调查的短短两三年里，那柯里又发生了很多变化：本书提到的刚开建的那柯里高速公路停车点，早已建成了很大的停车场，并通过栈道与那柯里村联通；为了让位于旅游经济发展，搬迁到村寨外围磨思公路边的村委会和卫生所，又再次迁往距离那柯里村四五公里的烂泥坝寨；而我们熟悉的老人荣发马店主人李天林已经过世……变化令人唏嘘，我试图把这些变化加入本书之中，但最终放弃了。在历史学者的眼里，昨天对于今天来说就是历史。2019 年前的那柯里，就是今天那柯里的历史。就让这本书作为对那柯里历史的一个记录吧。

　　田野工作是民族学及人类学研究的看家本领，很多民族学及人类学研究者"不是在田野里，就是在去田野的路上"。在我把那柯里作为研究对象的这些年中，我所指导的云南大学民族学与社会学学院的硕士研究生杨玉秀、康禹熙、赵晓丽等同学，多次跟随我走进那柯里，他们为本书的研究积累了很多第一手资料。杨玉秀和赵晓丽同学还把那柯里作为她们的硕士学位论文研究议题。此外还有高孟然等同学在田野实习时跟随我在那柯里进行田野实习，对那柯里做过调查研究。2017 年暑假，我作为带队老师，带领"云南大学第九届（2017 年）民族学／人类学田野调查暑期学校"的部分学员到那柯里进行田野实习。该暑期学校颇有影响力，每年都会吸引不少国内外高校青年教师和优秀博士生、硕士生来报名学习。我带队的这一届暑期学校学员就是到那柯里进行的田野实习。这个团队的成员在田野中的优秀表现令人印象深刻：浙江农林大学沈学政老师理论思考深入，为人稳重亲和；黔南师范学院体育老师凌媛善于观察、乐于助人；澳门大学博士生焦洋的历史人类学视野常让同学们眼前一亮；训练有素的延边大学博士生杜国川总有一套有效方法接近村民；有多学科协作特色的云南大学博士生团队中的项露林、武婷婷、蓝文思、张冬，每人都有自己独特的田野视角。还有那些对田野充满想象、充满激情的硕士生们，他们是华南农业大学的何少迪，上海师范大学的杨雅楠，上海大学的王柯，四川师范大学的滕昱廷，云南大学的韩雨伦、赵晓丽、娜妥、胡晓玲、陈俊丽。这是一次愉快的田野工作，白天，学员们按照分工自行到村民家里、到村民的摊位上、到村民的茶山上，通过参与观察和深度访谈了解情况；晚上，同学们聚在一起分享，讨论热烈而富有成效；深夜，同学们挑灯夜战，不完成当天的田野日记不上床睡觉……每每我翻阅同学们的田野日记，总有一股暖流涌上心头。他们富有成效的田野工作，加深了我们对那柯里的认识，丰富了我们对那柯里的观察，在此向他们表示感谢！在书中，我尽量把田野个案的提供者，以页下注的方式来注明。

本书是我 2016 年主持的国家社科基金项目"道路变迁对边疆少数民族的影响研究：以路边村寨那柯里为研究对象"的研究成果。我的博士生项露林、武婷婷，硕士生韩雨伦、赵晓丽参与了该项目，他们深入的调查研究，为资料收集提供了有力的支持。他们还参与了研究报告的撰写，所负责的部分如下：武婷婷《一个路边村寨的前世今生》，韩雨伦《道路变迁与村落空间和景观》，项露林《道路变迁与少数民族社会文化观念嬗变》和《道路变迁与那柯里村民日常生活》，赵晓丽《道路变迁与那柯里社会关系网络的建构》。这些研究报告的部分内容被收进本书之中，为本书的撰写作出了贡献。

田野调查离不开地方政府部门和当地朋友的支持。在田野调查中，我们多次走访宁洱县委、县政府有关职能部门，县委、县政府、县人大常委会有关领导，县政府办公室、县旅游局、县文体局、县民族宗教事务局、县乡村振兴局等有关职能部门的领导和工作人员，给予我们很多支持与帮助，在此向他们表示感谢！我是宁洱人，从小在宁洱长大。我年少时期的朋友和同学们，在我的调查工作中给予我不少帮助，在日常交往中我也时时感受到他们的温暖，他们是郭朝康、李婕、王琼、张海燕、韩宇梅、王联、杨僖、王燕、郭执桦、邹建国、郑立功、王丽、李梅、夏春玲、范强、李存芬、范翠萍等，在此向他们表达我真挚的感谢！

云南大学民族学与社会学学院的领导和同事们为本书的研究提供各种方式的支持与帮助，云南大学民族学一流学科建设经费为本书的出版提供了经费支持，在此表达真挚的感谢！

社会科学文献出版社的庄士龙老师是本书的责任编辑，是他良好的专业素养和严谨的编辑工作，减少了本书中存在的错讹，为本书的顺利出版提供了支持。出版社的谢蕊芬老师负责本套丛书，为本书的出版付出不少心血。还有很多我不认识的编辑老师，为本书的出版做了很多工作，在此一并感谢他们！

中国人的思维方式与西方人不同，通常西方人把最重要的内容放在文章开头来讲，而中国人则往往把它放到最后来说。我特别想说的是，我是带着深深的情感来完成这本书的。本书提到的一些地方，如马鞍山、石膏井、同心、宁洱县城，都是我少年时代生活过的地方，有我生活的印迹。对于我儿时的成长，影响最大的是父母。在我两岁多的时候，父母带着尚在襁褓中的弟弟和我来到同心乡的马鞍山村，在这个大山深处的村寨创办了马鞍山小学。在这个只有两个教师、一切都要靠自力更生的山村小学，教室里的琅琅读书声陪伴我们长大，母亲的睡前故事是我们姐弟俩的精神食粮。我读小学三年级的时候，因父母工作调动，我们离开了这个大山深处的山村小学，当时我的小妹只有两岁左右。在恢复高考、重视教育的时期，父母作为当时普洱县为数很少的中师学历教师，迎来了他们教书育人的春天。父亲先后在同心中学和普洱县民族中学任政教主任，母亲先后在石膏井小学和同心小学任教。因为优异的教学成绩，母亲于1983年被评为全国优秀班主任，这一荣誉开启了她的另一个事业：她被选为云南省人大代表，之后又担任县人大常委会副主任，从此她进入了"县政府大院"工作，我们全家因此搬到了县城生活。在父母对教育的重视下，我和弟弟、妹妹都勤奋学习，先后考上了大学，这是父母最为骄傲的事情。我常常想，今天我能在大学讲台上讲课、做自己感兴趣的研究，正是得益于我父母的智慧和见识，即便在大山深处他们仍然能为我们指引一条通往世界的道路。

我想把这本书献给他们，我亲爱的父亲张茂光和母亲李朝芳。愿我的父亲身体健康、长命百岁！愿我母亲的在天之灵，栖息于诗意之中！

张锦鹏

2024 年 1 月于本书付梓之前

**图书在版编目（CIP）数据**

道路·村寨·国家：一个路边村寨社会变迁的人类学研究 / 张锦鹏著. -- 北京：社会科学文献出版社，2024.4

（魁阁学术文库）

ISBN 978 - 7 - 5228 - 3093 - 3

Ⅰ.①道… Ⅱ.①张… Ⅲ.①农村 - 社会生活 - 社会变迁 - 研究 - 中国 Ⅳ.①D669.3

中国国家版本馆 CIP 数据核字（2024）第 021237 号

魁阁学术文库

**道路·村寨·国家**
—— 一个路边村寨社会变迁的人类学研究

著　　者 / 张锦鹏

出 版 人 / 冀祥德
责任编辑 / 庄士龙　胡庆英
文稿编辑 / 谭紫倩
责任印制 / 王京美

出　　版 / 社会科学文献出版社·群学分社（010）59367002
　　　　　 地址：北京市北三环中路甲29号院华龙大厦　邮编：100029
　　　　　 网址：www.ssap.com.cn
发　　行 / 社会科学文献出版社（010）59367028
印　　装 / 三河市龙林印务有限公司

规　　格 / 开　本：787mm × 1092mm　1/16
　　　　　 印　张：13　字　数：198千字
版　　次 / 2024 年 4 月第 1 版　2024 年 4 月第 1 次印刷
书　　号 / ISBN 978 - 7 - 5228 - 3093 - 3
定　　价 / 88.00 元

读者服务电话：4008918866